AF378947

14. WESTER WALD PREIS 2019

KERAMIK EUROPAS

CERAMICS OF EUROPE

14. WESTER WALD PREIS 2019

KERAMIK EUROPAS

CERAMICS OF EUROPE

arnoldsche

Inhalt / Contents

Grußwort Schirmherr
14. Westerwaldpreis

Die Westerwälder Töpfertradition hat über Jahrhunderte hinweg die Region des Westerwaldes sowohl wirtschaftlich als auch kulturell geprägt. Die herausragende Bedeutung dieser Tradition hat im Dezember 2016 besondere Anerkennung gefunden: Sie wurde in das bundesweite Verzeichnis des Immateriellen Kulturerbes nach der UNESCO-Konvention aufgenommen.

Ein kluger Kopf — angeblich war es Gustav Mahler — hat einmal den Satz geprägt, dass Tradition nicht die Anbetung der Asche, sondern die Weitergabe des Feuers sei. Im Kannenbäckerland, in dem seit Jahrhunderten die keramische Produktion einen fest etablierten Platz einnimmt, erhält diese Feststellung gleichsam eine doppelte Konnotation und Wertigkeit: Einerseits mit Blick auf die schon seit dem späten Mittelalter weitergegebene Fertigkeit, die zur Steinzeugproduktion notwendigen hohen Temperaturen zu erzeugen, andererseits als Beleg dafür, dass die Flamme der Faszination für den Werkstoff und dessen scheinbar unbegrenzten kunsthandwerklichen wie auch künstlerischen Möglichkeiten im Westerwald keinesfalls erloschen ist.

Ganz im Gegenteil: Bis heute bewahren rund 40 in der Region ansässige Töpferwerkstätten die Westerwälder Töpfertradition und setzen dabei zugleich neue Impulse. Das traditionsreiche Material Ton findet vielfach Verwendung bei bildenden Künstlerinnen und Künstlern der Gegenwart, die alte Traditionen und einen alten Werkstoff immer wieder auf faszinierende Art und Weise in eine zeitgenössische Bild- und Formensprache zu übersetzen verstehen. Der alle fünf Jahre vergebene Westerwaldpreis trägt dieser Erkenntnis in besonderem Maße Rechnung und überzeugt regelmäßig durch hochkarätige Beiträge aus der Region wie auch aus dem europäischen Ausland.

Ich freue mich, dass sich auch beim diesjährigen Westerwaldpreis wieder zahlreiche Kunstschaffende aus ganz Europa um einen der insgesamt vier Preise für herausragende keramische Arbeiten bewerben. Mit der inzwischen 14. Preisverleihung und Ausstellung unterstreicht die Region ihre herausragende Position auf dem Feld der Keramik in Europa. Um diesen Spitzenplatz weiterhin zu halten, sind gleichwohl Initiativen gefragt, die den Dialog und die Kooperation rund um das Thema Keramik unterstützen und den kulturellen Austausch um und über die Keramik innerhalb Europas lebendig halten und fördern.

Durch regelmäßig stattfindende Preisausschreibungen, durch junge, ansässige Keramikkünstlerinnen und Künstler und diverse Ausstellungen sind im Westerwald ohne Zweifel die Weichen in die richtige Richtung gestellt, damit auch in Zukunft das Kannenbäckerland eine international angesehene Heimat für historische und moderne Keramik bleibt.

Im Westerwald erleben wir somit, wie sehr die Töpfertradition das kulturelle Selbstverständnis der Region prägt. Keramik hat eine bedeutende Vergangenheit, eine vielfältige Gegenwart und eine spannende Zukunft, auch jenseits ihrer Qualitäten als rein funktionaler Werkstoff des Kunsthandwerks, sondern als Basis und Grundlage einer künstlerischen Auseinandersetzung mit einem traditionsreichen Material und somit der Weitergabe des Feuers im Sinne einer lebendigen zukunftsfähigen Tradition.

Prof. Dr. Konrad Wolf,
Minister für Wissenschaft, Weiterbildung und Kultur
des Landes Rheinland-Pfalz

Foreword Patron
14th Westerwald Prize

The Westerwald pottery tradition has for centuries shaped the region of the Westerwald both economically as well as culturally. The outstanding meaning of this tradition found special recognition in December 2016. It was added to the national registry of Immaterial Cultural Heritage according to the UNESCO conventions.

A clever man – supposedly it was Gustav Mahler – once said that tradition is not the adoration of ashes, but the passing of the flame. In the Kannenbäckerland, in which pottery production has an established place, this recognition receives a double connotation and significance: on the one hand the ability, passed on since the middle ages, to achieve the high temperatures needed for stoneware production, on the other hand the certainty that the flame of fascination for the material and its seemingly unlimited artistic as well as artisanal possibilities have not been extinguished in the Westerwald.

Quite the opposite: even today 40 pottery production sites in the region are preserving the Westerwald pottery tradition and are setting new impulses. The tradition-rich material clay finds manifold uses among modern artists, who demonstrate how to use an old tradition and an old material in new and fascinating ways and translate it into modern pictorial and design vocabulary. The Westerwald prize, awarded every five years, particularly accounts for this insight and regularly satisfies with highly recommended contributions from the region as well as wider Europe.

I am pleased that many artists from all of Europe applied for one of four awards for outstanding ceramic works in this year's Westerwald prize. With the now 14th award ceremony and exhibition the region emphasizes its outstanding position in the field of ceramics in Europe. To keep this pole position initiatives are needed which support the dialogue and cooperation around the subject of ceramics and keep the cultural exchange around and on ceramics within Europe alive and supported.

Through regular competitions, through young, local ceramic artists and miscellaneous exhibitions, the Westerwald is certainly heading toward the right direction so that in the future the Kannenbäckerland will stay an internationally recognised home for historic and modern ceramics.

In the Westerwald we can see how much the pottery tradition has formed the cultural self-concept of the region. Ceramics has an important past, a diverse present and an exciting future, set apart from its qualities as a functional material of artisan craftwork, but as a basis and foundation for the artistic contest with a traditional material and the passing of the flame in the sense of a living, sustainable tradition.

Prof. Dr. Konrad Wolf,
Minister of Science, Education and Culture
of the State of Rhineland Palatinate

Grußwort Landrat
des Westerwaldkreises

Der Westerwaldpreis wurde 1973 ins Leben gerufen, um herausragende keramische Arbeiten im Rahmen eines Wettbewerbs und einer Ausstellung zu präsentieren. Es gilt, den Dialog von Keramik und Kunst in der Region zu fördern und einen kulturellen Austausch innerhalb Europas zu pflegen.

Gerade dieser gewünschte Dialog zwischen Keramik und Kunst hat sich in den letzten Jahren verwirklicht. Auch Künstlerinnen und Künstler ohne keramische Ausbildung oder solche, die in mehreren Gattungen aktiv sind, haben sich für den 14. Westerwaldpreis beworben. Die Grenzen zwischen den zuvor klar definierten Sparten des Preises, wie Design, Skulptur oder Gefäß, sind ebenfalls fließend geworden. Als Folge des Umdenkens bezüglich des keramischen Materials in den bildenden Künsten und der Auflösung der Kategorien hat der Westerwaldkreis sich entschieden, die Preiskategorien neu zu definieren. Die vorher getrennten Bereiche Design & Serie, Gefäß, Form & Dekor und Skulptur & Installation sind nun in der Sparte „Freie Keramik" zusammengefasst.

Mit 10.000 Euro als Erstem und 6.000 als Zweitem Preis ist der Westerwaldpreis zu einem der höchstdotierten Preise für Keramik in Europa aufgestiegen. Die Qualität der ausgewählten Arbeiten lässt diese Entscheidung als begründet erscheinen.

Der Förderpreis ist nicht mehr durch eine Altersbegrenzung bedingt, sondern an ein Studium oder eine Ausbildung geknüpft. Familienplanung, Elternzeit oder ein längerer Bildungsweg werden somit berücksichtigt.

Mein Dank gilt allen Bewerberinnen und Bewerbern für ihr Interesse an der Ausschreibung. Herrn Minister Wolf danke ich für die Übernahme der Schirmherrschaft. Dem Förderkreis des Museums sei für seine großzügige finanzielle Unterstützung bei den Ankäufen herzlich gedankt. Auch den Sponsoren sowie den Mitgliedern des Kreistages danke ich ganz herzlich für ihr finanzielles Engagement, das eine Durchführung und eine Ausstellung auf so hohem Niveau ermöglicht.

Der Westerwaldkreis freut sich, Teil des Erfolgs im Lebenslauf der Preisgewinnerinnen und -gewinner zu sein.

Ich wünsche allen teilnehmenden Künstlerinnen und Künstlern, dass diese Ausstellung ihren künstlerischen Horizont erweitert.

Achim Schwickert
Landrat des Westerwaldkreises

Foreword Chief Administrative Officer of the Westerwald District

The Westerwald Prize was created in 1973 to honour ceramic works within a competition and an exhibition. It is to promote the dialogue between ceramics and art in the region and the cultural exchange within Europe.

This wished-for dialogue between ceramics and art has been realised in the last few years. Artists without ceramic training or those that are active in a number of genres have applied for the 14th Westerwald Prize. The borders between the formerly clearly defined sectors of the award such as design, sculpture or vessel have also become fluid. In consequence of rethinking the ceramic material in the visual arts and the dissolution of the categories the Westerwald District decided to redefine the award categories. The formerly separate areas of Design & Series, Vessels, Form & Décor and Sculpture & Installation have now been condensed into the sector "Free Ceramics".

With 10,000 Euros for the first place and 6,000 euros for the second place the Westerwald Prize has become the most highly remunerated award for ceramics in Europe. The quality of the chosen works shows this decision to be justified.

The Talent Prize is no longer contingent on an age limit, but on a university or apprenticeship course. Family planning, parental leave or a longer apprenticeship are thus taken into consideration.

My thanks go to all the applicants for their interest in the tendering. Minister Wolf I thank for taking on the patronage. Many thanks to the Society for the Promotion of the Museum for their generous monetary help with buying works. Also the sponsors as well as the members of the County Council I wish to thank for their financial engagement which is required for the implementation and an exhibition of such a high standard.

The Westerwald District is pleased to be part of the success in the life story of the winners. For all the participants I wish that the exhibition will widen their artistic horizon.

Achim Schwickert
Chief Administrative Officer of the Westerwald District

Grußwort Stadtbürgermeister Höhr-Grenzhausen

Der seit 1973 zum 14. Mal ausgeschriebene und vielbeachtete Westerwaldpreis bietet im fünfjährigen Turnus Künstlerinnen und Künstlern aus ganz Europa die Gelegenheit, ihre herausragenden keramischen Arbeiten zu präsentieren. 425 internationale Bewerbungen zeigen das große Interesse und die hohe Qualität des Wettbewerbs.

Die eingereichten Werke erfüllen hervorragende handwerkliche und künstlerische Ansprüche und sind in der Ausstellung *14. Westerwaldpreis* im Keramikmuseum Westerwald zu sehen. Es freut mich sehr, dass die Stadt Höhr-Grenzhausen in diesem Jahr erstmalig das Preisgeld für den Preis der Kannen-bäckerstadt in der Sparte Salzbrand von 5.000 Euro auf 10.000 Euro erhöhen konnte. Damit wird die herausragende Bedeutung der traditionellen Salzglasur für unsere Region weiterhin unterstützt und hervorgehoben.

Diesem wichtigen Alleinstellungsmerkmal unserer Region wurde zudem eine weitere und ganz besondere Anerkennung zuteil: Die Töpfertradition wurde 2016 in das bundesweite Verzeichnis des Immateriellen Kulturerbes nach der UNESCO-Konvention aufgenommen. Ich sehe es als unsere wichtige Aufgabe, alles dafür zu tun, dieses kulturelle Erbe zu pflegen, zu erhalten und diese Tradition zukünftig mit neuen Perspektiven weiterzuführen.

Den diesjährigen Preisträgern gratuliere ich sehr herzlich und spreche allen Beteiligten, die diese Veranstaltung möglich machen, meinen Dank für das Engagement und die Unterstützung aus.

Michael Thiesen
Stadtbürgermeister Höhr-Grenzhausen

Foreword Mayor of the Town of Höhr-Grenzhausen

The highly respected Westerwald Prize for the fourteenth time tendered since 1973 offers artists from all over Europe the chance to show their best ceramic works in a five-year rota. 425 international tenders show the great interest and high quality of the competition.

The submitted works fulfil the highest artisanal and artistic demands and can be seen in the exhibition *14th Westerwald Prize* in the Ceramics Museum Westerwald. I am very pleased that the town of Höhr-Grenzhausen was able to raise the prize money for the Award of the Kannenbäckerstadt in the sector *Saltfired Ceramics* from 5,000 to 10,000 euros for the first time. By this the outstanding meaning of salt glaze for our region is further supported and showcased.

This important distinction of our region was furthermore given another and very special recognition: in 2016 the pottery tradition recorded in the national database of Immaterial Cultural Heritage according to the UNESCO convention. I see it as our most important task to make sure that this cultural heritage is looked after, preserved and followed on with new perspectives.

I would like to express my congratulations to this year's winners and my thanks for the engagement and support to all those who made this event possible.

Michael Thiesen
Mayor of the Town of Höhr-Grenzhausen

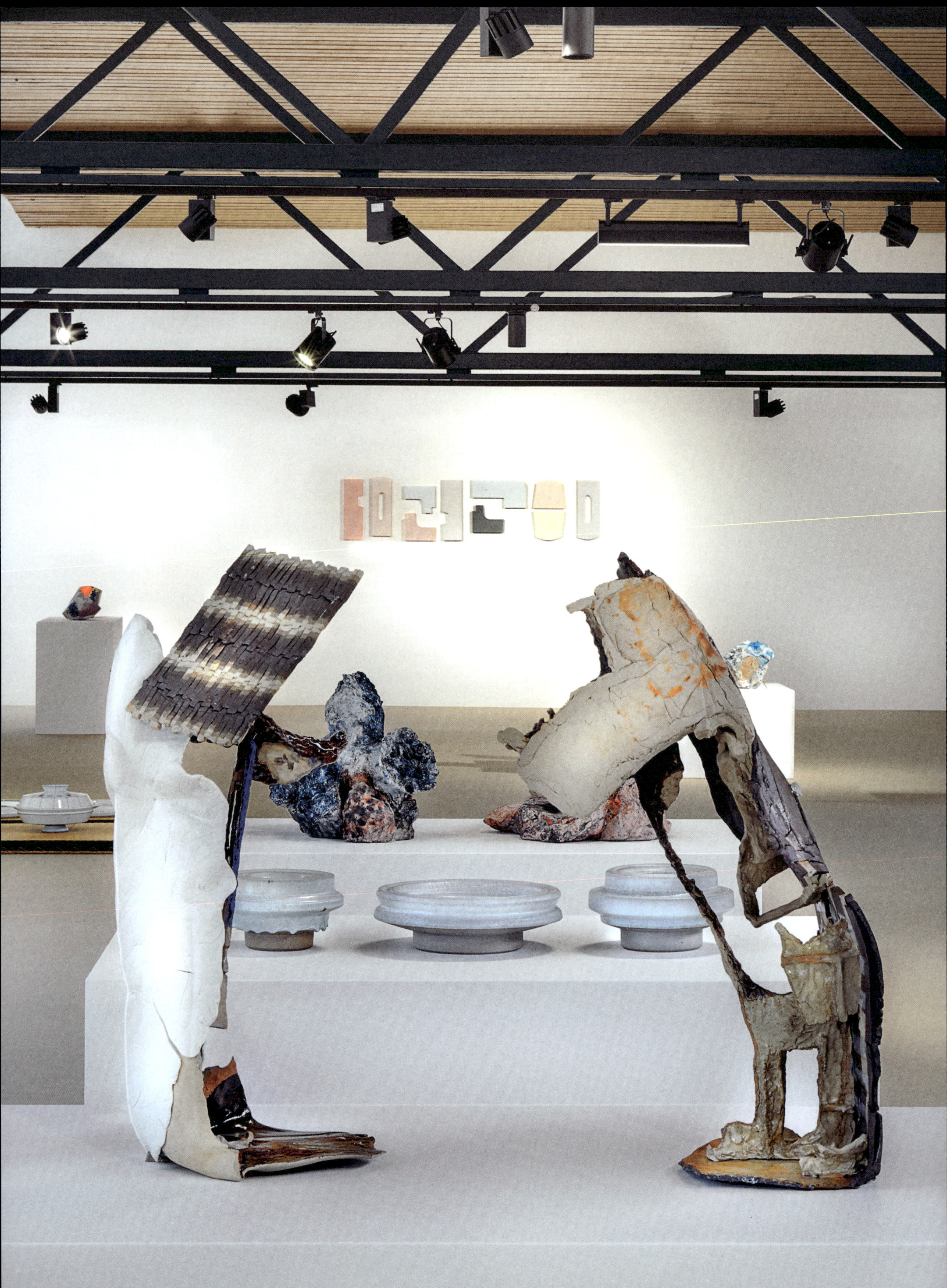

Jury 14. Westerwaldpreis
Jury 14th Westerwald Prize

HELGA GERHARDUS
Montabaur, Deutschland / Germany
Geschäftsführerin der Museen im Westerwald GmbH
Managing director of the Museen im Westerwald GmbH

JÖRG JOHNEN
Berlin, Deutschland / Germany
Galerist und Kunstsammler
Gallery owner and art collector

DR. SABINE RUNDE
Frankfurt am Main, Deutschland / Germany
Oberkustodin des Museums Angewandte Kunst
Head curator of the Museum Angewandte Kunst

JULIAN STAIR
London, Großbritannien / Great Britain
Künstler und Kunsthistoriker
Artist and art historian

XAVIER TOUBES
Chicago, USA
Ehemaliger Professor für Keramik in North-Carolina und Chicago und ehemaliger
Leiter des European Ceramic Workcentre, 's Hertogenbosch, Niederlande
Former Professor of Ceramics in North Carolina and Chicago and former Director
of the European Ceramics Workcentre, 's Hertogenbosch, The Netherlands

DR. NELE VAN WIERINGEN
Höhr-Grenzhausen, Deutschland / Germany
Leiterin Keramikmuseum Westerwald
Head of Ceramics Museum Westerwald

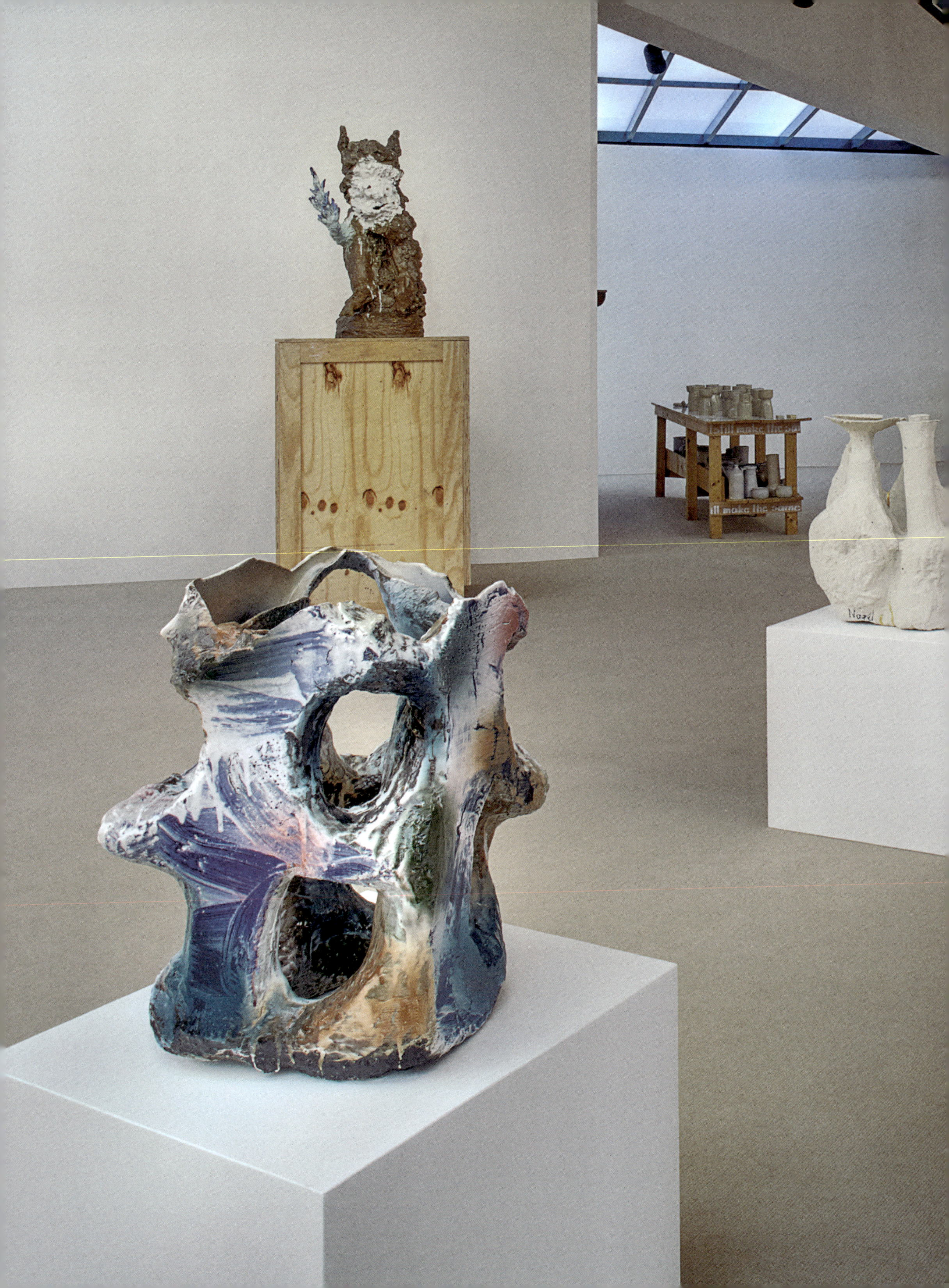

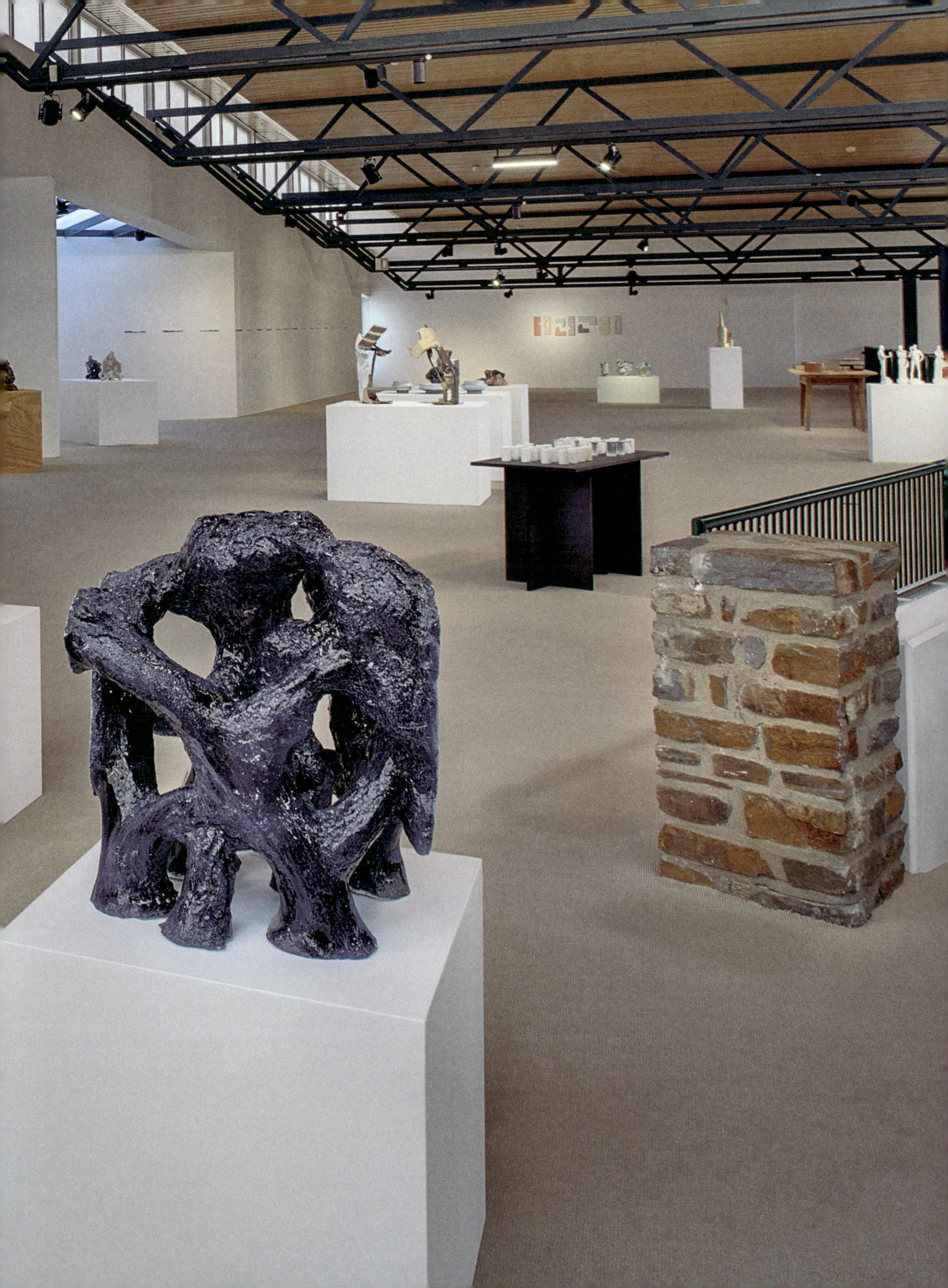

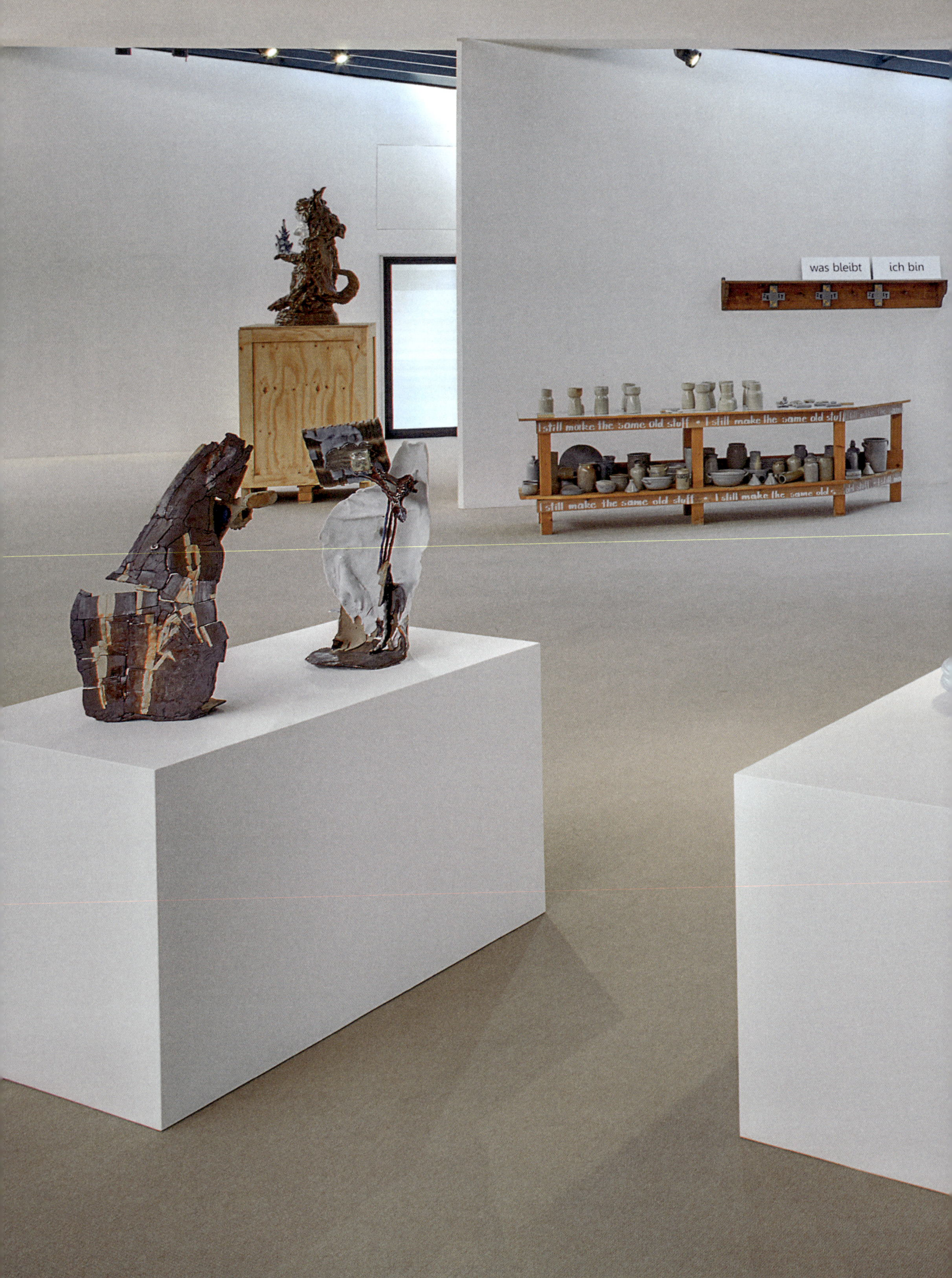

was bleibt
ich bin
I still make the same old stuff

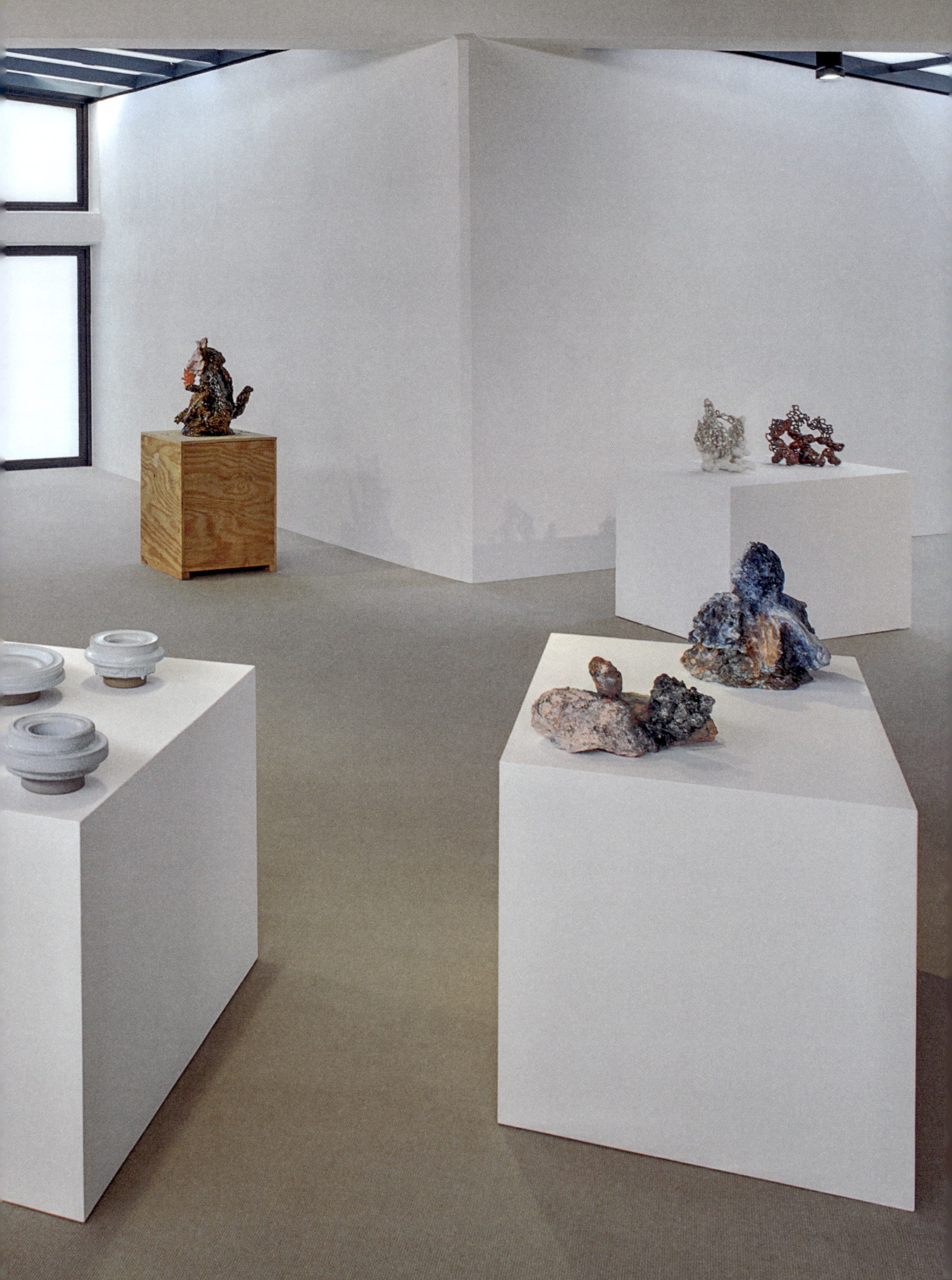

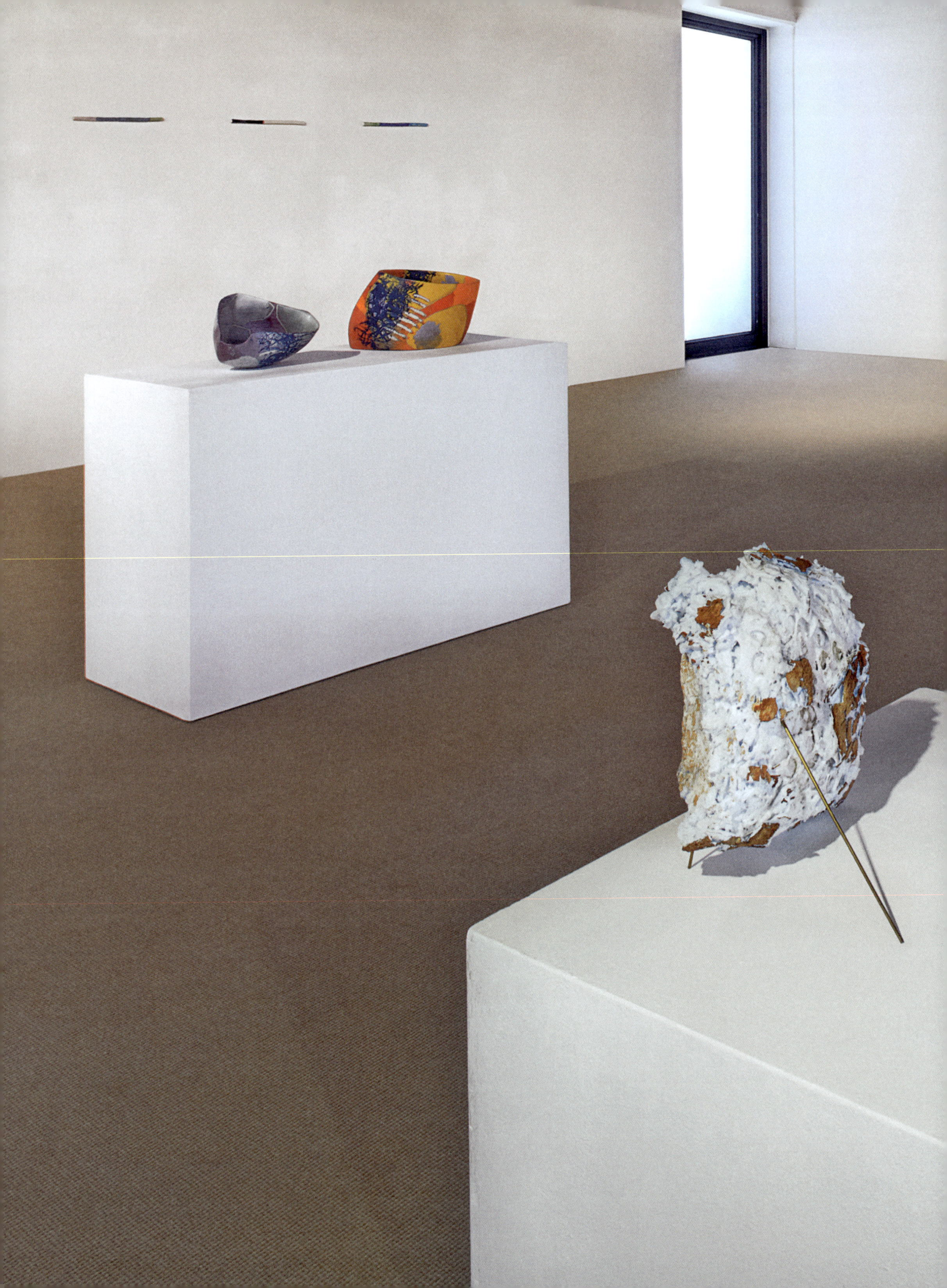

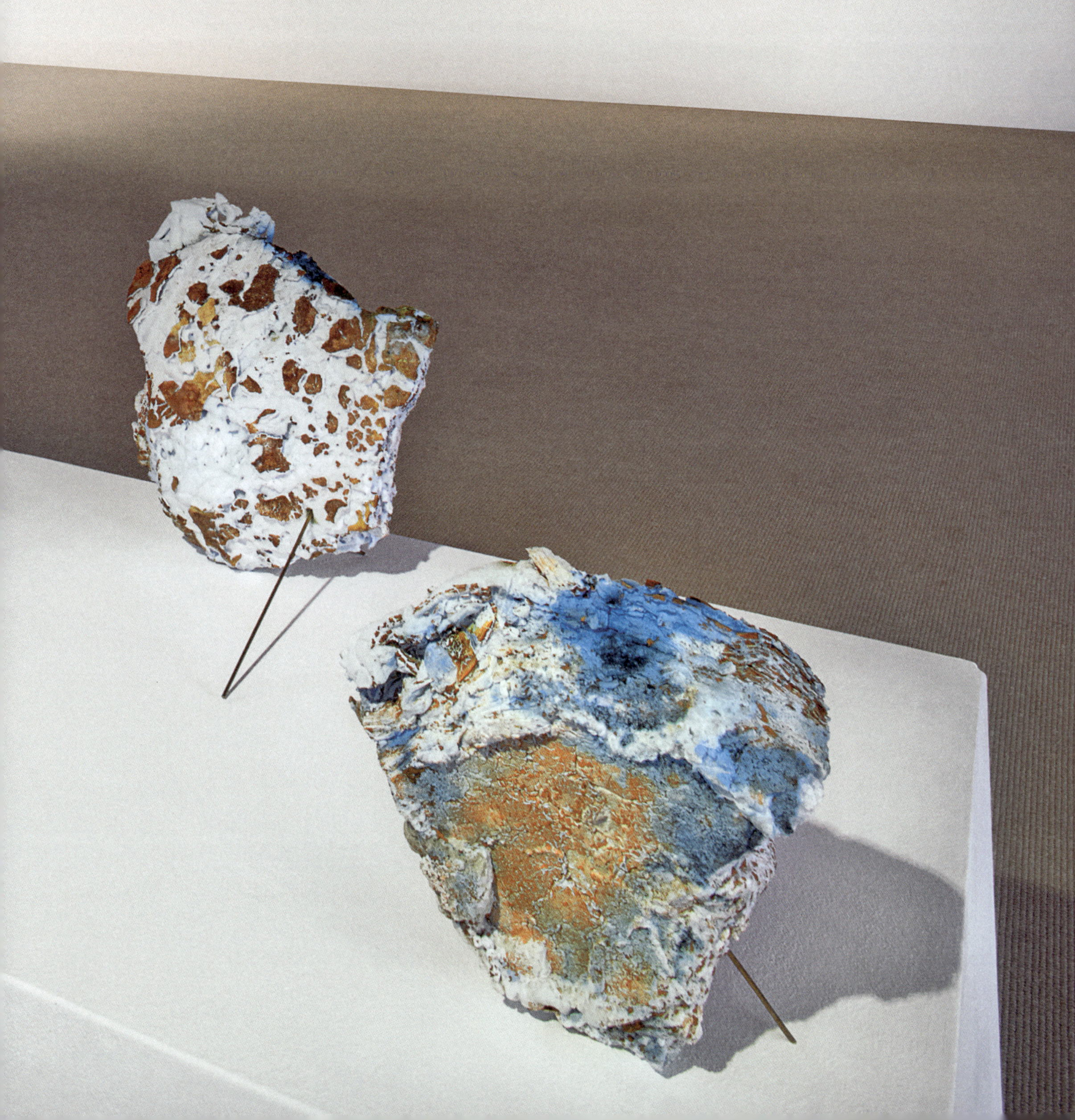

Jurybericht
14. Westerwaldpreis 2019

Zu dieser 14. Edition des Westerwaldpreises, seit 1999 europaweit ausgeschrieben, wurden im Onlineverfahren 425 Bewerbungen aus ganz Europa eingereicht. Die diesjährige Jury bestand, neben der Geschäftsführerin der Museen im Westerwald GmbH und der Museumsleitung, aus dem Berliner Galeristen und Kunstsammler Jörg Johnen, der Oberkustodin des Museums Angewandte Kunst, Frankfurt/M., Dr. Sabine Runde, dem britischen Künstler Julian Stair und dem ehemaligen Professor für Keramik in North-Carolina und Chicago sowie ehemaligen Leiter des European Ceramic Workcentre Xavier Toubes. In einer anonymen Vorauswahl wählte die Jury 48 Künstlerinnen und Künstler mit insgesamt 74 Arbeiten aus.

Die Ausstellung, die eine konzentrierte Auswahl der eingereichten Bewerbungen zeigt, versteht sich nicht als exemplarisches Gesamtbild der künstlerischen Keramik in Europa, sondern durchaus als Spiegel einiger wesentlicher Entwicklungen.

Bei den Ausschreibungen des Westerwaldpreises bis 2004 waren die Sparten klar definiert. Begriffe wie „handwerklich gefertigte Gefäßkeramik" oder „industriell gefertigte Baukeramik" ließen keinen Zweifel an den einzureichenden Arbeiten. Die Formen der zugelassenen Objekte waren präzise, die Größe überschaubar. (Die Bewerber nahmen ihre Arbeit in einem Pappkarton unter die Arme und stellten sich in die Schlange vor dem Museum.) Ausführliche Beschreibungen der Preiskategorien und die diesbezüglichen Diskussionen bei den letzten Editionen führten zwangsläufig dazu, die Sparten neu zu ordnen, um den Entwicklungen in der künstlerischen Keramik gerecht zu werden. Gefäßkeramik ist heute nicht zwingend handgefertigt, sie kann genauso als Installation oder Skulptur definiert werden und besteht nicht immer vollständig aus keramischem Material. Die Grenzen zwischen den einzelnen Kategorien sind mittlerweile verschwommen.

Damit spiegelt der Westerwaldpreis *en miniature* den Makrokosmos unserer sich rapide verändernden Welt, in der alte Systeme und Machtstrukturen erodieren. Die Lage der Großmächte verschiebt sich rasant und neue Bündnisse müssen sich noch als beständig erweisen. Die spürbare Instabilität in der Gesellschaft manifestiert sich ebenso in den Künsten und wird auch an vielen Objekten in dieser Ausstellung sichtbar. Hinzu kommt – und das ist eine bemerkenswerte Erkenntnis in diesem Bauhausjahr – eine gewollte Formlosigkeit in den Arbeiten jüngerer Künstler. Als *digital-natives* aufgewachsen mit einer für ältere Generationen unvorstellbaren Flut an zweidimensionalen Bildern, deren Herkunft man nicht immer vertrauen kann, scheinen sie die klare, eindeutige Form abzulehnen oder auf jeden Fall in Frage zu stellen. Interessant sind dabei die jungen Künstlerduos, die die zarten Formüberlegungen des jeweiligen Partners ergänzen, kommentieren oder anzweifeln. In diesen Objekten zeigt sich viel Augenblickliches. Die Künstler äußern sich zwar nicht politisch, das Politische zeigt sich dennoch in ihrer prozess- und kompromissgesteuerten Arbeitsweise.

Die Formlosigkeit manifestiert sich ebenso in den vielen Materialexperimenten. Waren die Rohstoffe der Objekte bisher noch eindeutig nachzuverfolgen, sind der Materialwahl heute keine Grenzen mehr gesetzt und wohl mancher Werkstattleiter dürfte um seine Öfen fürchten. Sogar die Definition der Keramik, – anorganische Rohstoffe, die durch Brennprozesse stabilisiert werden – wird ausgedehnt. Gebrannt wird alles, was sich schmelzen lässt. Der Künstler versteht sich als Alchemist. Die Fragen stellen sich: wird das Ergebnis als Zufall akzeptiert, ist die Form nur ein Frage der Temperatur?

Die Jury hat sich ausdrücklich dafür entschieden, die Preise der Freien Keramik an Arbeiten zu vergeben, die weit mehr als zufallsergeben und prozessgesteuert sind. Johannes Nagel tastet sich zwar im Dunkeln zur Gefäßform und Jesse Magee brennt den Neuwieder Mutterboden ungereinigt. Beide greifen dennoch beherzt in ihre Ergebnisse ein und bringen die Folgen behutsam wieder ins Lot. Die nachträgliche Bearbeitung sorgt für einen fragilen, ästhetischen Ausgleich. In der gleichen Altersgruppe zeigen beide Künstler so ganz unterschiedliche, ernsthafte Annäherungen an zwei Ur-Themen der Keramik: das Gefäß und die Erde.

Für den Preis der Stadt Höhr-Grenzhausen wählte die Jury ebenso zwei konträre Positionen aus. Monika Debus' amorphen, feinsinnig bemalten Körper stehen im Gegensatz zu den präzisen, geometrischen Formen Franz Juliens. Die große Bandbreite der Möglichkeiten im Salzbrand wird betont und weckt hoffentlich bei der jüngeren Generation Interesse an dieser einzig(artig)en europäischen Glasurtechnik mit Raum für weitere künstlerische Experimente.

Der Förderpreis wurde an Hyunjin Kim vergeben. Ihre zwei Objekte sind das keramische Ergebnis eines mehrjährigen persönlichen Forschungsprojekts und überzeugen durch raffiniertes Handwerk und eine poetische Wirkung.

Von Anfang an war es Ziel des Preises, den Dialog zu fördern. Die Ausstellung der 14. Edition konfrontiert unterschiedliche Formideen miteinander und lädt den Betrachter ein, sich mit den kontroversen Formauffassungen auseinanderzusetzen. Auf der angrenzenden Museumsebene befinden sich neben einigen Preisträgerarbeiten der früheren Ausschreibungen des Westerwaldpreises auch exemplarische Arbeiten ab 1950, die als Referenz für die Entwicklung der künstlerischen Keramik im letzten Jahrhundert dienen.

Nele van Wieringen

Jury's Report
14th Westerwald Prize 2019

425 entries from the whole of Europe were received online for this year's competition for the Westerwald Prize, which has been set annually in Europe since 1999. This year the jury consisted of the managing director of the Museen im Westerwald GmbH and the Ceramic Museum director; the Berlin gallery owner and art collector Jörg Johnen; the head curator of the Museum Angewandte Kunst in Frankfurt am Main, Dr. Sabine Runde; the British artist Julian Stair and the former Professor of Ceramics in North Carolina and Chicago and former Director of the European Ceramics Work Centre, Xavier Toubes. In an anonymous pre-selection process, the jury chose 48 artists with a total of 74 works.

The exhibition, which shows a concentrated selection of the entries, does not understand itself as an exemplary overall picture of artistic ceramics in Europe, but definitely as reflector of some important developments.

In the annual announcement of the competitions up to 2004, the parameters were clearly defined. Phrases such as "handcrafted ceramic vessel" or industrially manufactured architectural ceramics" made it clear what was expected. The forms of the entries were precise and their size moderate. (The applicants carried their entries to the museum in cardboard boxes and queued outside.) In the last editions, however, wide-reaching descriptions of the prize categories and the resulting discussions made it clear that the specifications needed to be re-ordered so as to do justice to the developments in artistic ceramics. Nowadays, a ceramic vessel need not be hand-made, can just as well be defined as installation or sculpture, and does not always consist entirely of ceramic material. The divisions between the individual categories have become fluid.

The Westerwald Prize thus reflects *en miniature* the macrocosm of our rapidly changing world, in which old systems and power structures are crumbling. The positions of the great powers are constantly altering and new alliances have yet to prove stable. The perceptible instability in society also manifests itself in the arts, as can be seen in many of the works in this exhibition. In addition – and this is a remarkable thing in this Bauhaus anniversary year – one sees a deliberate formlessness in the works of younger artists. Inconceivable for older generations they have grown up as *digital natives* in a flood of two-dimensional pictures whose provenance is not always trustworthy, they appear to reject the clear, unambiguous form, or at any rate to question it. Particularly interesting are the young artist duos, who complete the gently attempts at form of the respective partner, comment on them, or express doubts about them. In these works, many instantaneousness is visible. Although the artists make no political statements, politics nevertheless shines through in the way they work, conditioned by their process- and compromise-driven way of working.

The lack of form is also clear in the numerous experiments with material. Whereas it always used to be obvious which materials were used in a particular work, there is today no limit to choice, and probably many a workshop manager may fear for his kilns. Even the definition of ceramics — non-organic raw material stabilised by firing — is being extended. Anything that melts can be fired. The artist sees himself as an alchemist. These questions arise: is the result accepted as a stroke of chance, is the form merely a question of temperature?

The jury expressly decided to give the Free Ceramics Prize for works which are far more than merely the result of chance and of the processes used. It is true that Johannes Nagel gropes blindly towards his vessel shapes and that Jesse Magee fires native soil from Neuwied without making any attempt to free it from detritus. Both are nevertheless courageous to their results and bring carefully the consequences back into balance. These subsequent processing ensures a fragile and aesthetic equalisation. These two artists, in the same age group, demonstrate completely different but serious approaches to two primal themes of ceramics: vessel and earth.

For the prize awarded by the town of Höhr-Grenzhausen, the jury, in the same way, again selected two contrary positions. Monika Debus's amorphous, sensitively painted bodies contrast with Franz Julien's precise, geometrical shapes. The wide spectrum of possibilities offered by salt-firing is emphasised, and it is to be hoped that the younger generation will adopt this unique glaze technique — the only glaze technique which was developed in Europe at all — and use it for artistic experiments.

The Talent Prize was given to Hyunjin Kim. Her two works are the result of a personal research project lasting several years and impress one with their refined craftmanship and their poetic aura.

The intention of the Westerwald Prize has always been to encourage discussion. The exhibition for the 14th competition contrasts different ideas of form together and invites the visitor to deal with the controversial understandings of forms. On the adjoining museum level, next to several prize-winning works submitted for the Westerwald Prize in former years, also a series of representative works from 1950 onwards is presented which serve as a reference for the development of artistic ceramics during the last century.

Nele van Wieringen

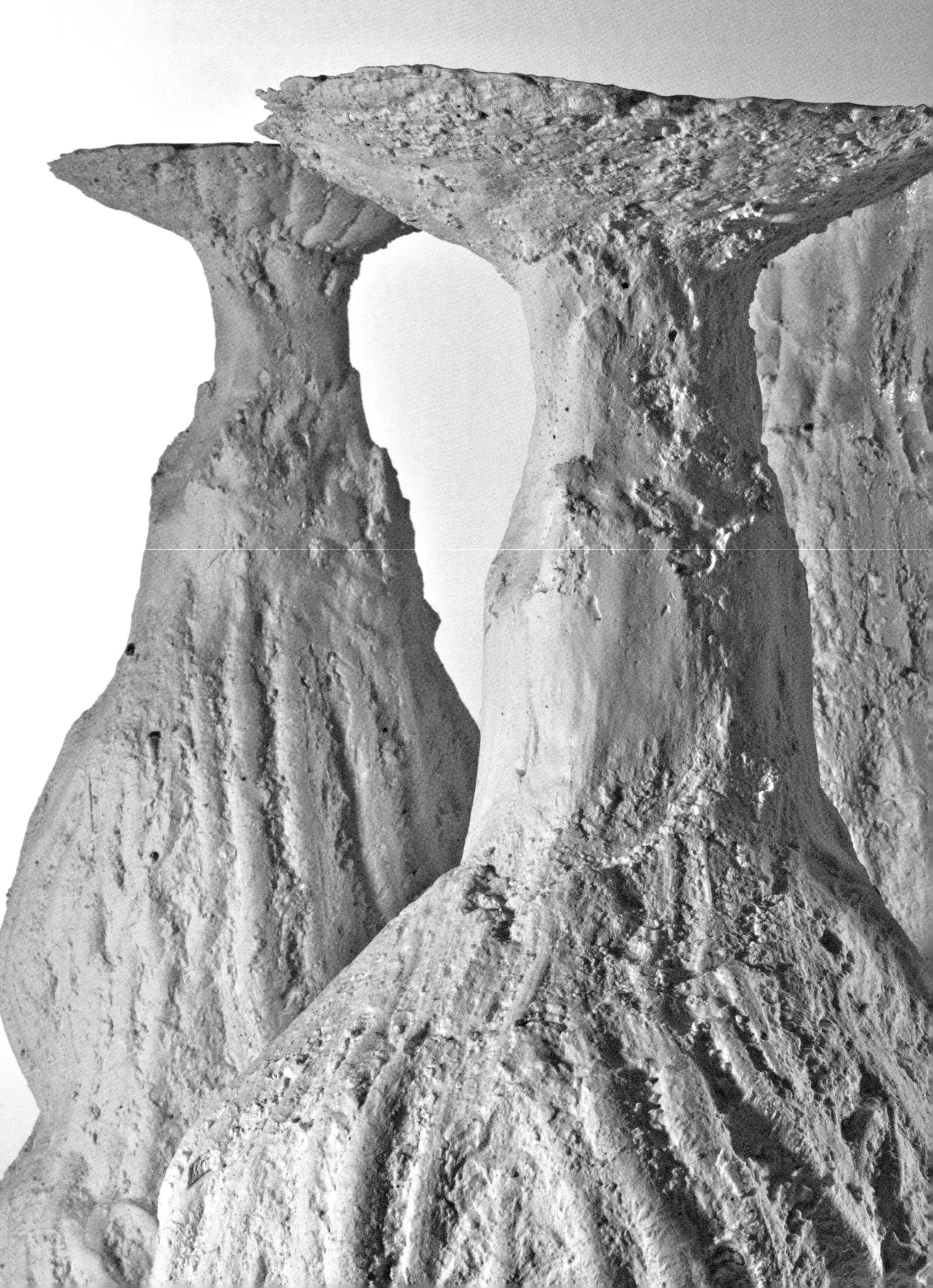

Freie Keramik
Free Ceramics

1. PREIS / 1. PRIZE
Johannes Nagel

2. PREIS / 2. PRIZE
Jesse Magee

Johannes Nagel

Johannes Nagel gelingt es, zwischen der Tradition des Gefäßes und den Freiheiten der modernen Kunst einen eigenen Weg zu finden. Er verbindet die statische Festigkeit des Gefäßes mit gestischer Dynamik, das Handwerkliche mit dem Experimentellen, das Geplante mit dem Zufälligen. Durch die von Nagel entwickelte Technik der Grabung entstehen Formen, die von der Dialektik zwischen der Formvorstellung des Künstlers und den unsichtbaren Gesten der Hände in der mit Sand gefüllten Box geprägt sind. Mit den Grabungen hat Nagel eine Technik entdeckt, die ihm viele formale Möglichkeiten bietet. Es ergeben sich Objekte zwischen Auflösung und Gestalt, Natürlichkeit und Künstlichkeit, Struktur und Strukturlosigkeit. Die Objekte sind auf komplizierte, moderne Weise dekorativ. Sie fügen sich ins Interieur und sprengen doch durch Größe und ihre expressive Freiheit die Konventionen.

Die aufgetragenen Glasuren reagieren auf die Besonderheiten der Objektformen. Auf diese Weise entsteht ein Spiel zwischen bemalten und unbemalten Flächen, Röhren und Rundungen, Innen- und Außenseiten, rauhen und glatten Oberflächen. Dazwischen entstehen auch unglasierte weiße oder schwarz glasierte Objekte. Nagel verfügt über eine enorme Freiheit und Vorstellungskraft, um eine immer wieder überraschende Vielfalt an Objekten zu schaffen. Diese Vielfalt erinnert an den üppigen Reichtum eines Korallenriffs, dessen Schönheit uns immer wieder begeistert.

Johannes Nagel manages to find his own way between the tradition of the vessel and the freedom of modern art. He connects the static strength of the vessel with gestural dynamism, the artisanal with the experimental, the planned with the coincidental. The technique of excavation developed by Nagel creates forms which are shaped by the dialectic between the vision of form of the artist and the invisible gestures of the hands in the sand-filled box. With the excavations, Nagel has found a technique which allows him many formal possibilities. Objects arise between dissolution and form, naturalness and artifice, structure and structurelessness.

The objects are decorative in a complicated, modern way. They integrate themselves into the interior and explode the conventions through their size and expressive freedom. The applied glazes react to the peculiarities of the object forms. This creates a play between painted and unpainted surfaces, tubes and curves, inside and outside, rough and smooth surfaces. White or black glazed objects emerge among them. Nagel has a huge freedom and imagination to create an ever surprising variety of objects. This diversity reminds us of the abundant richness of a coral reef, the beauty of which delights us again and again.

Jörg Johnen

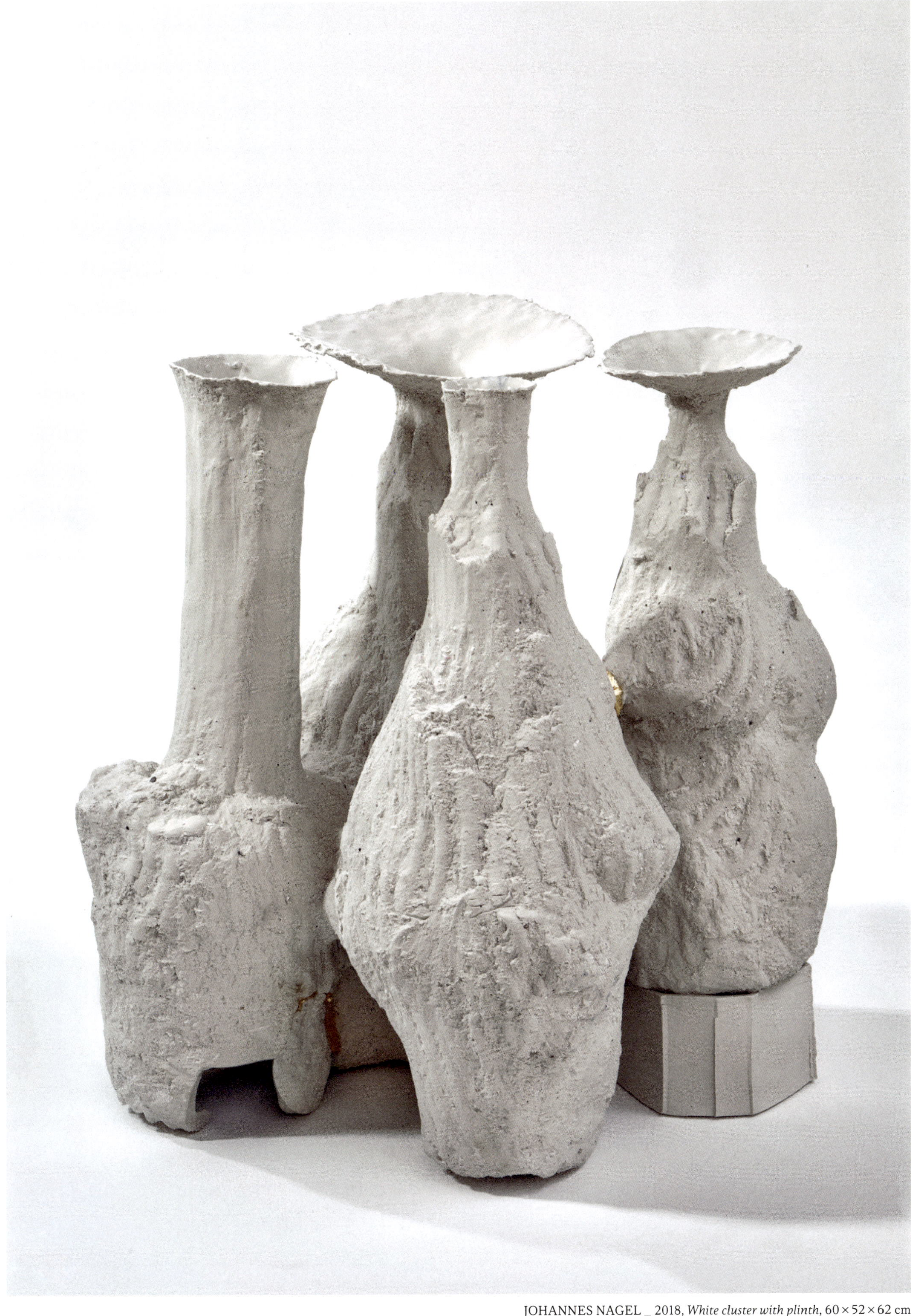

JOHANNES NAGEL _ 2018, *White cluster with plinth*, 60 × 52 × 62 cm

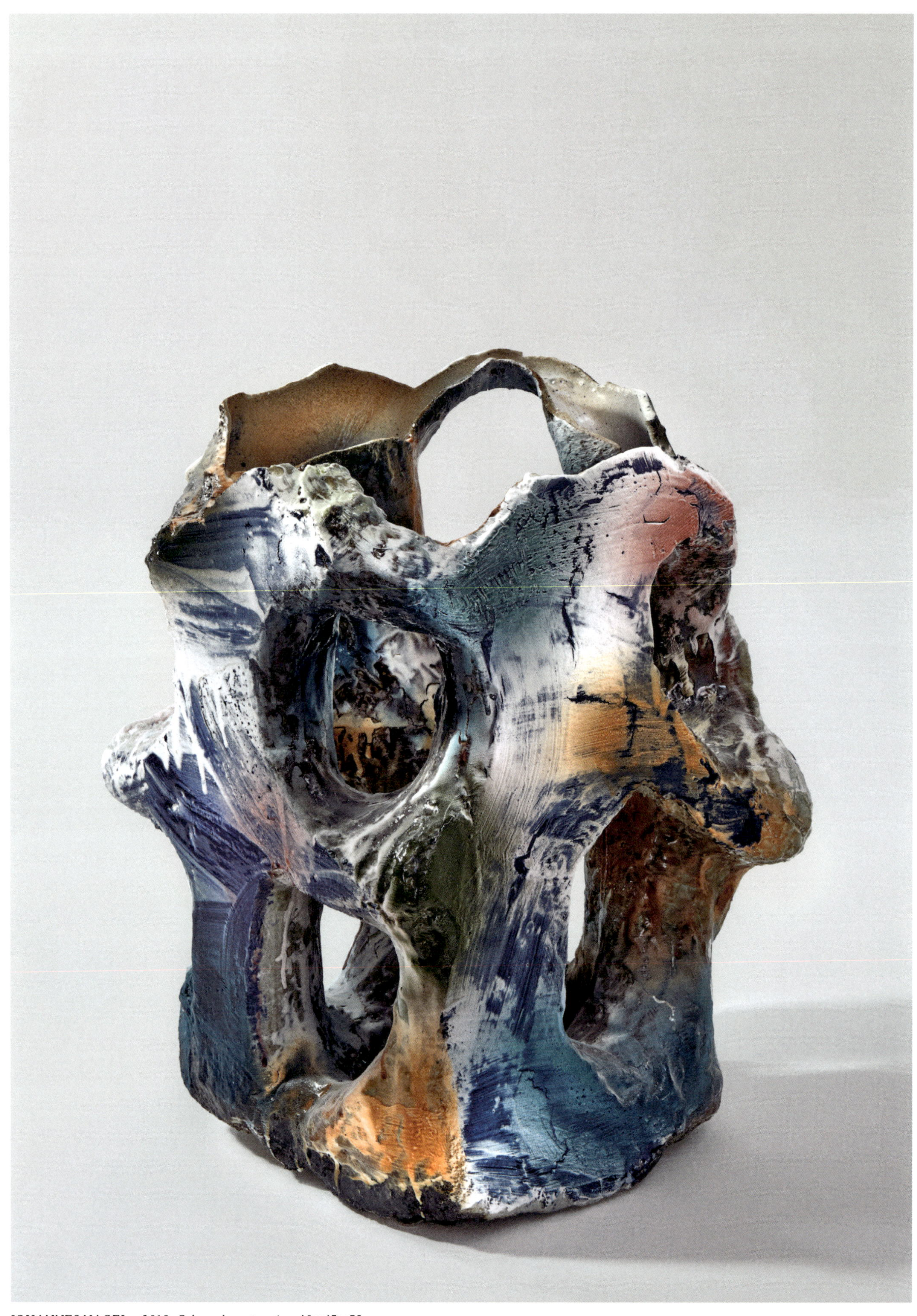

JOHANNES NAGEL _ 2018, *Coloured construction*, 40 × 45 × 59 cm

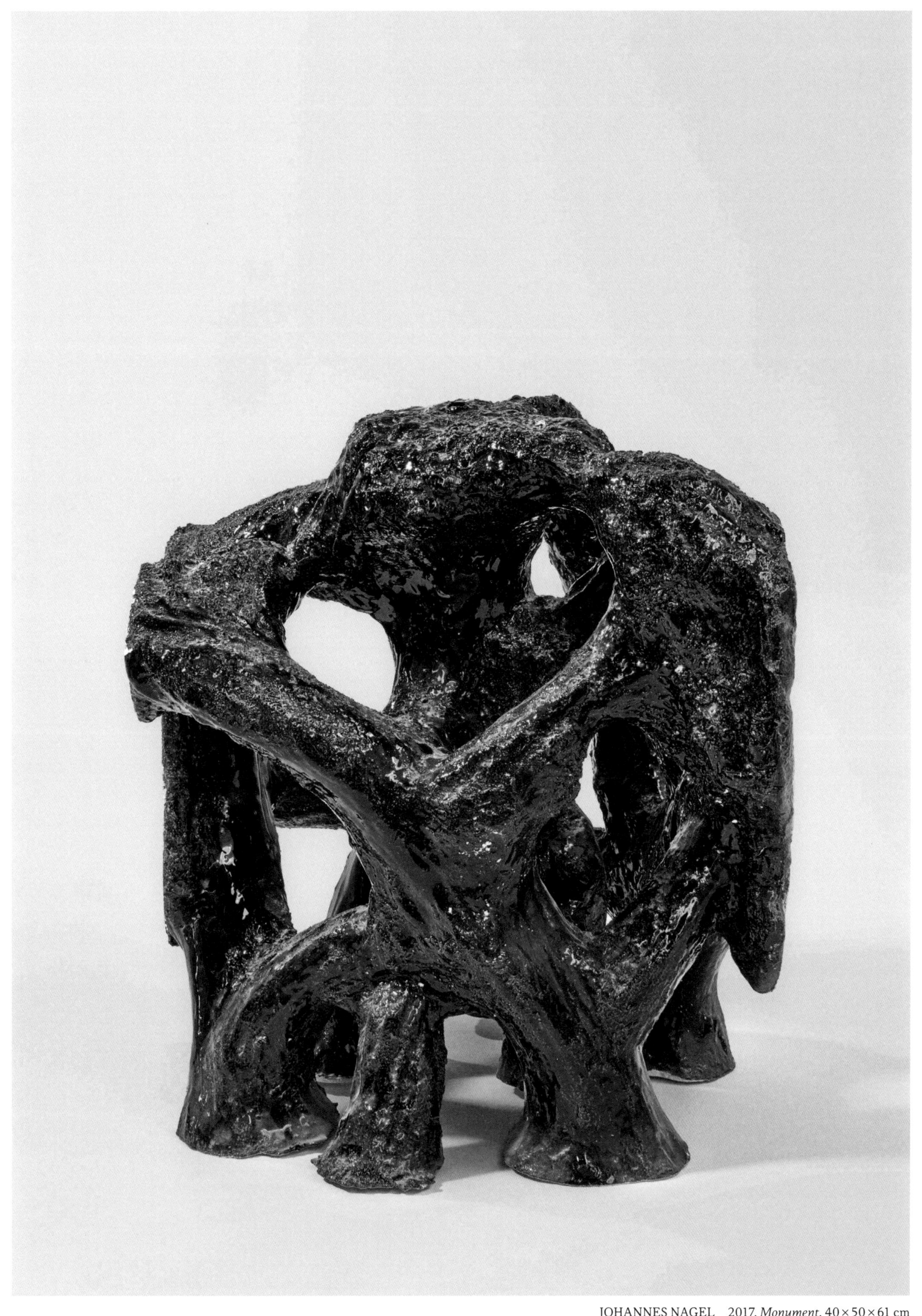

JOHANNES NAGEL _ 2017, *Monument*, 40 × 50 × 61 cm

Jesse Magee

Mit seinen monumentalen Skulpturen aus gesinterter Masse legt Jesse Magee in *Mutterboden* die Wesentlichkeit der Keramik frei. Indem er mehrere Kubikmeter Erde bei 1200 °C brennt, stellt Magee die Kernattribute der keramischen Praxis in den Vordergrund: der pure Materialismus und die alchemistische Wandlungsfähigkeit der Materie. Unberührt haben diese schlichten Blöcke Ur-Ton aus dem Rheintal eine geografische Charakteristik, erinnern uns aber auch an unsere generelle Position auf dem Planeten Erde. Magee demonstriert, wie die wandlungsfähige Natur der Keramik fähig ist, abstrakte Ideen greifbar zu machen und elementare zeitgenössische Kunst hervorzubringen.

In *Mutterboden*, Jesse Magee demonstrates the bare essentialism of ceramics through his monumental sculptures of sintered mass. By firing cubic meters of soil to 1200 degrees Celsius, Magee foregrounds the core attributes of ceramic practice; the raw materialism and the alchemical transmutation of matter. Unmediated by touch, these simple blocks of proto-clay dug from the earth of the Rhine valley have a geographical specificity but also remind us of our wider place on the planet earth. Magee demonstrates how the transformative nature of ceramics has the power to make abstract ideas tangible and produce elemental art for the modern age.

Julian Stair

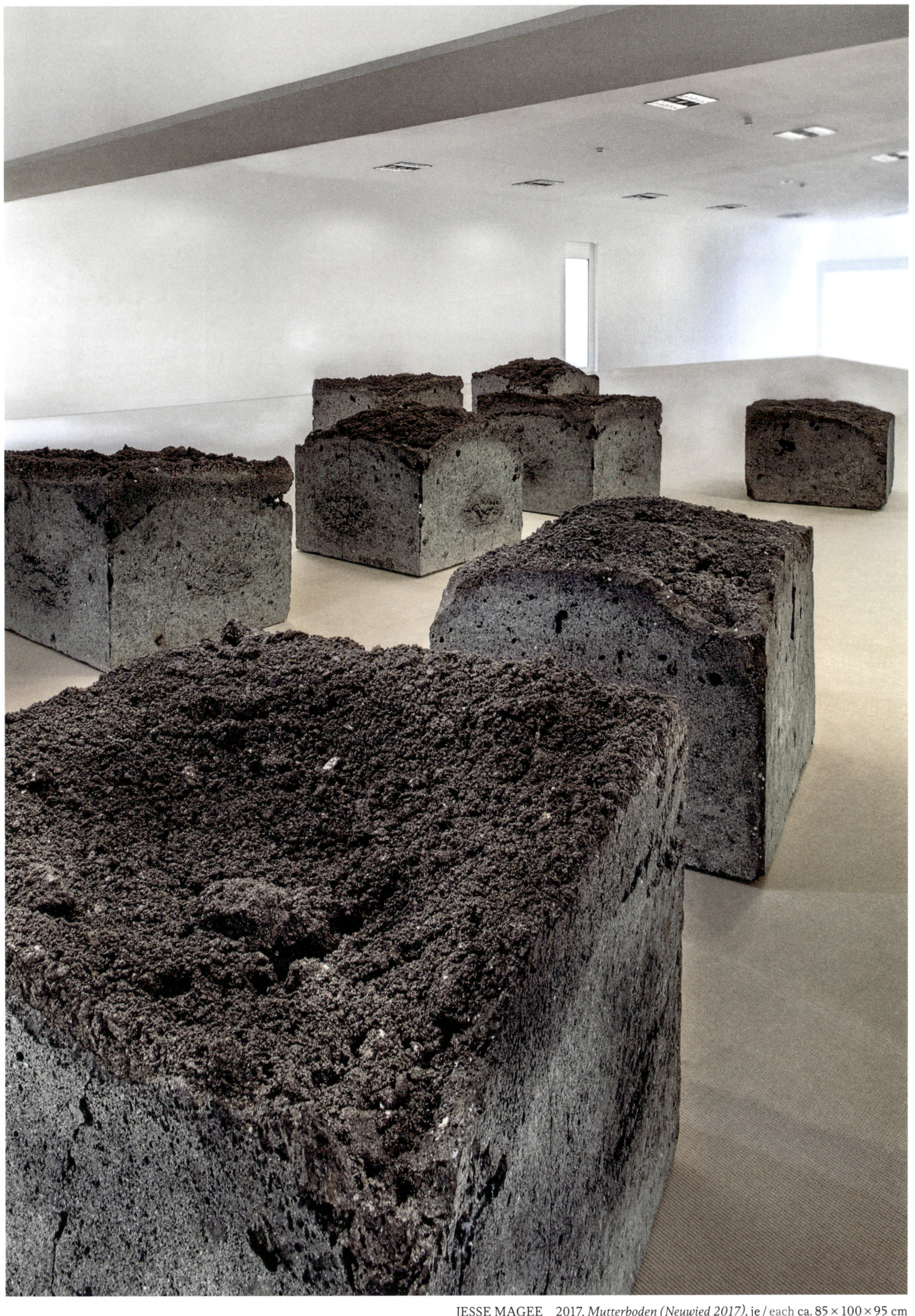

JESSE MAGEE _ 2017, *Mutterboden (Neuwied 2017)*, je / each ca. 85 × 100 × 95 cm

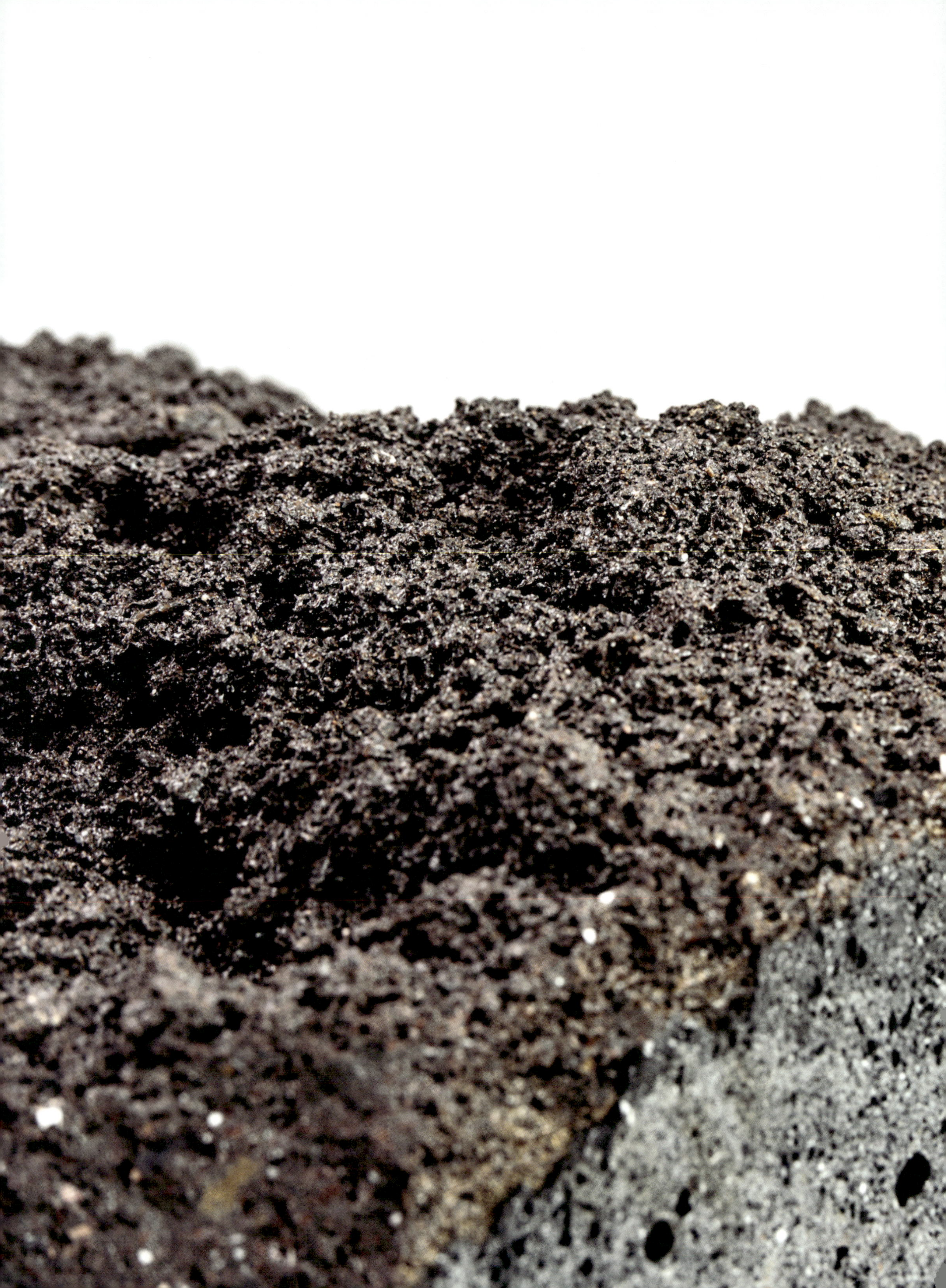

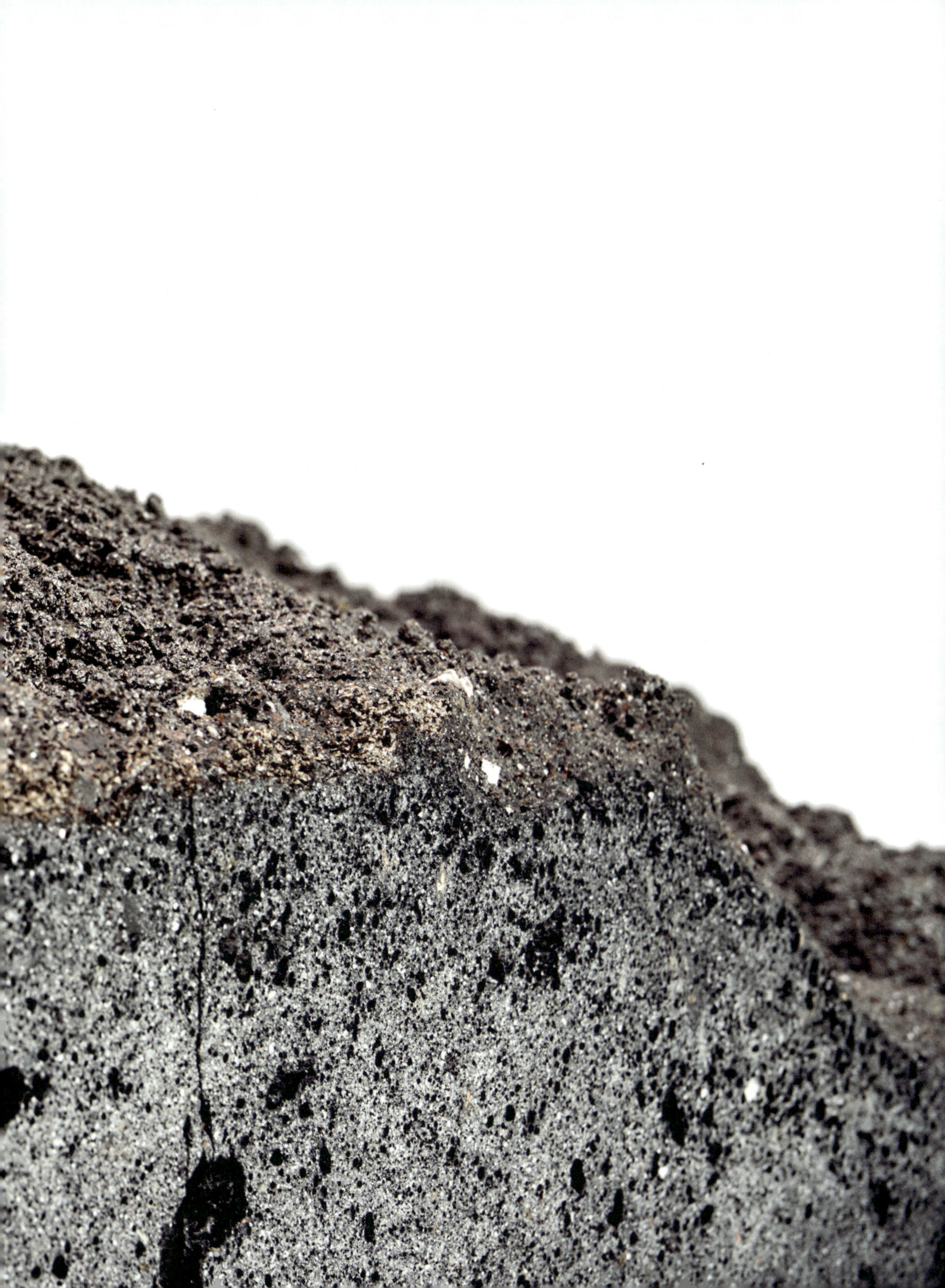

Kerstin Abraham

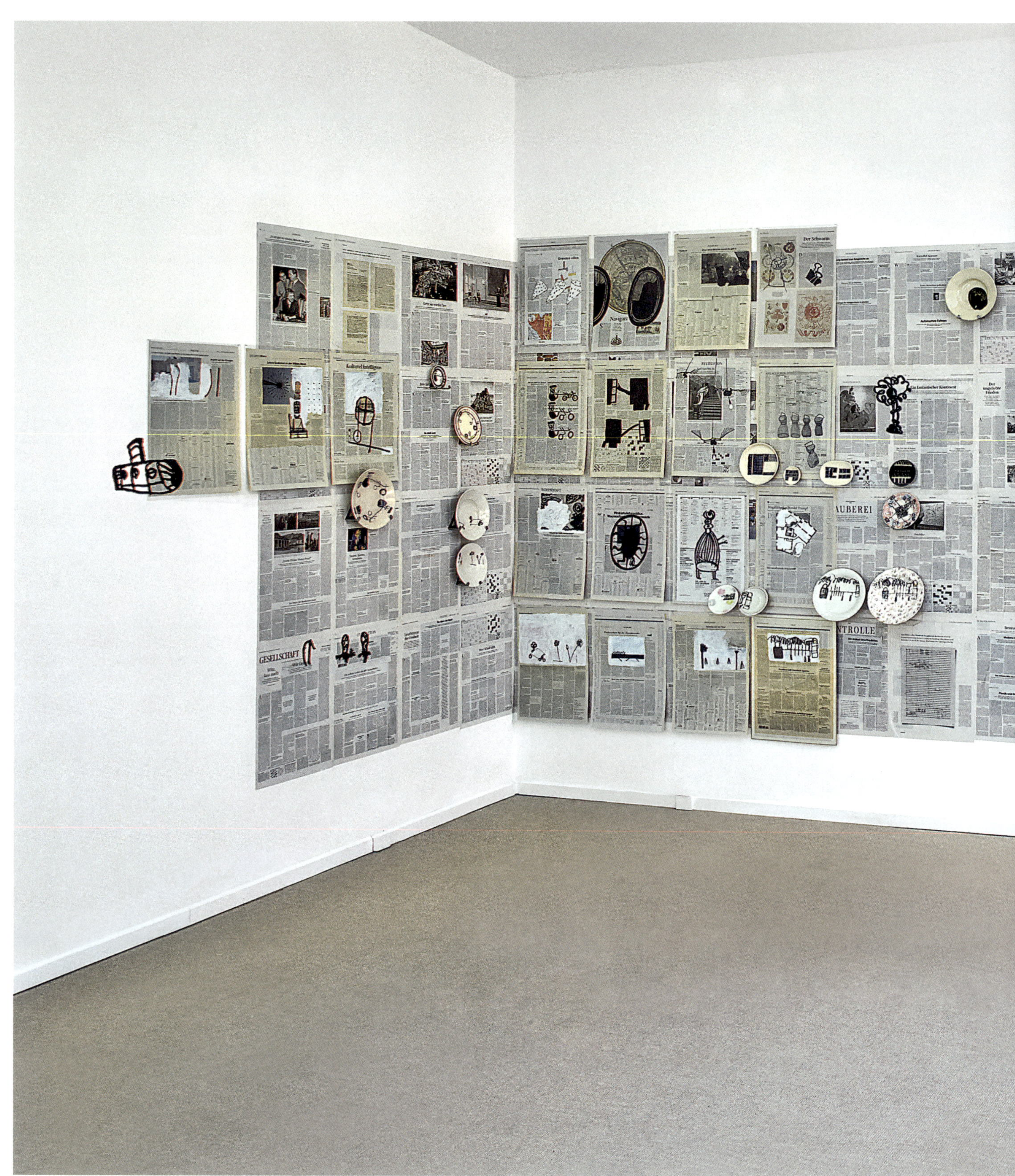

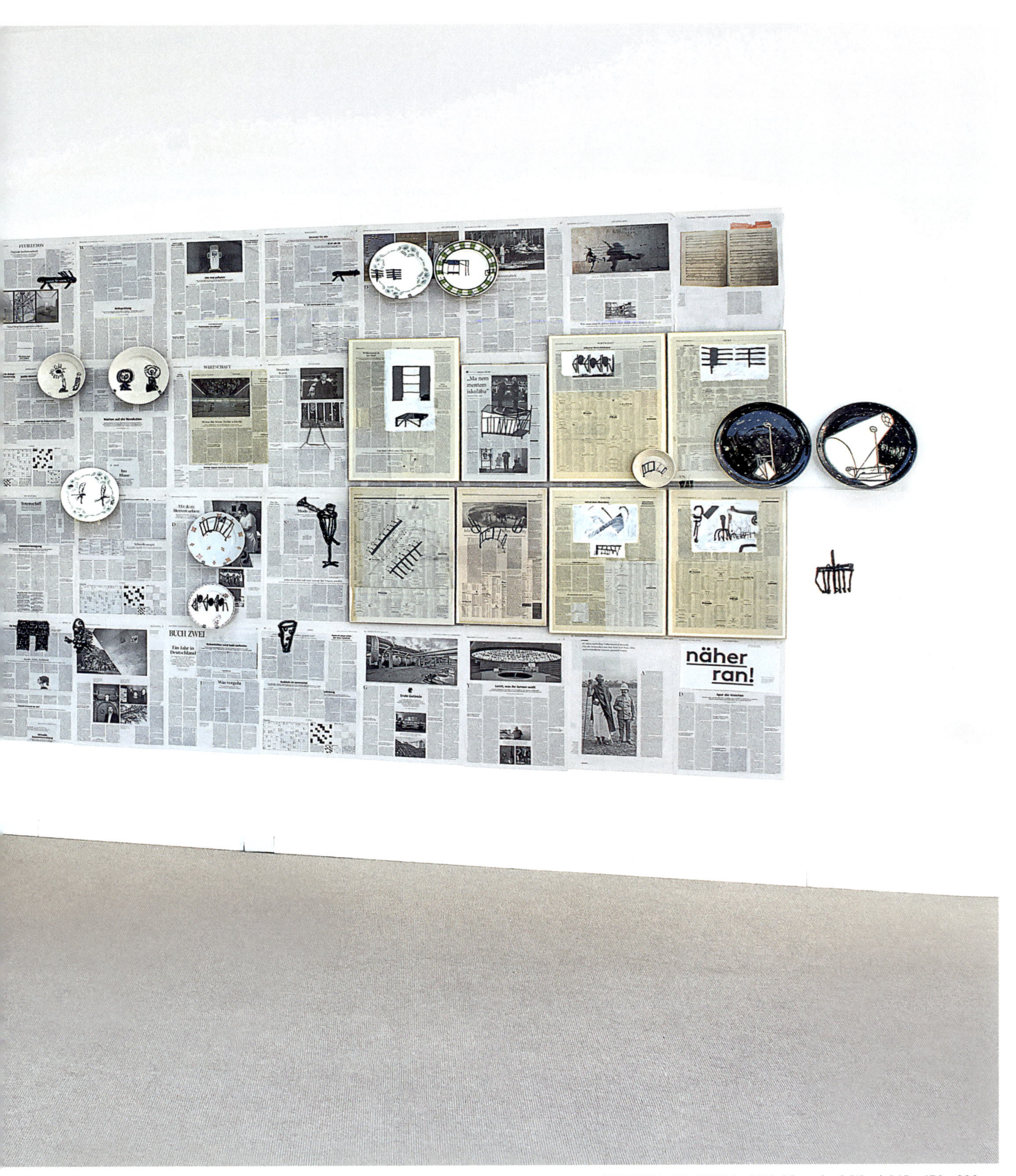

KERSTIN ABRAHAM _ 2019, *Musterbuch Wand*, 245 × 630 × 220 cm

Enrica Casentini

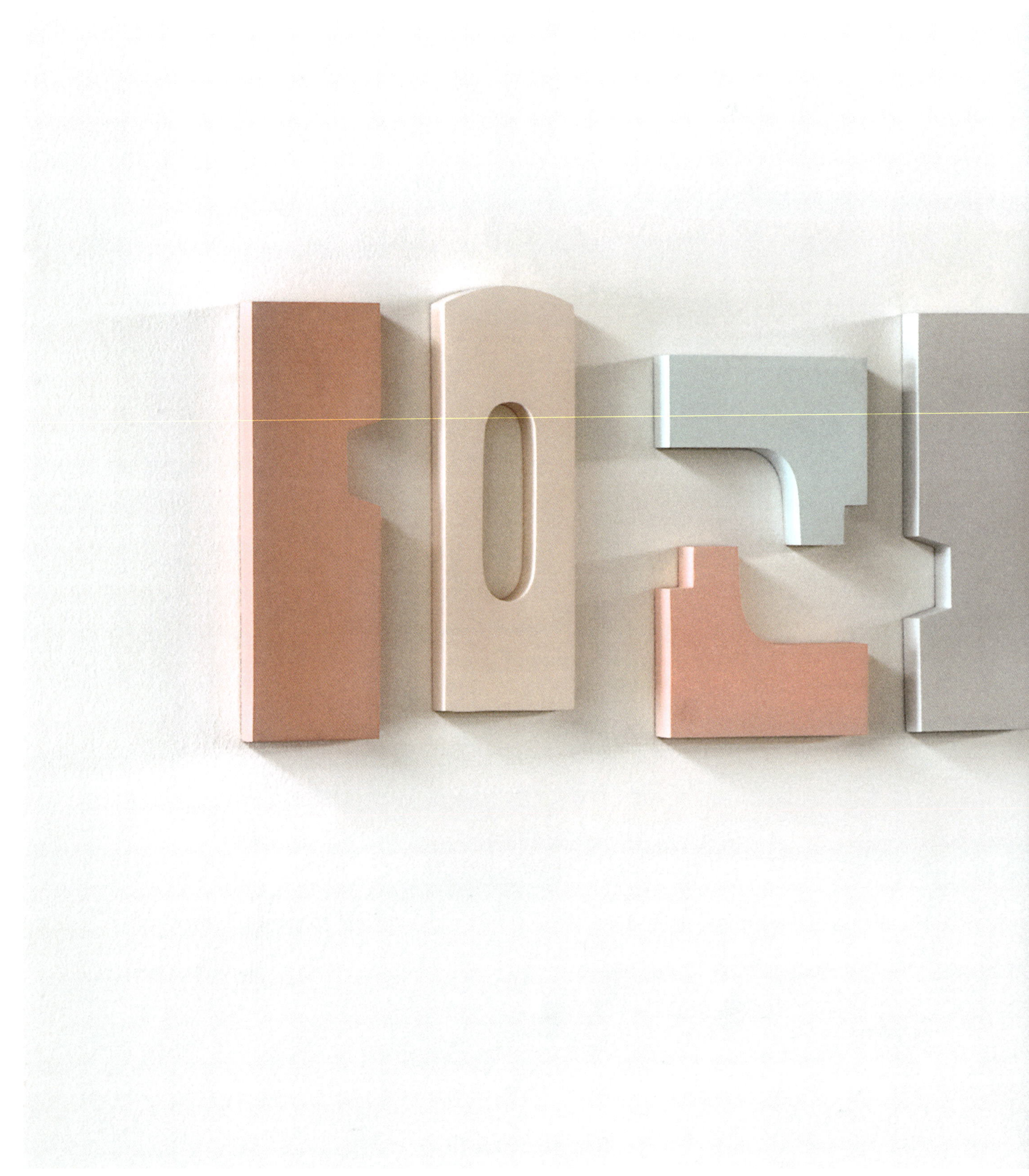

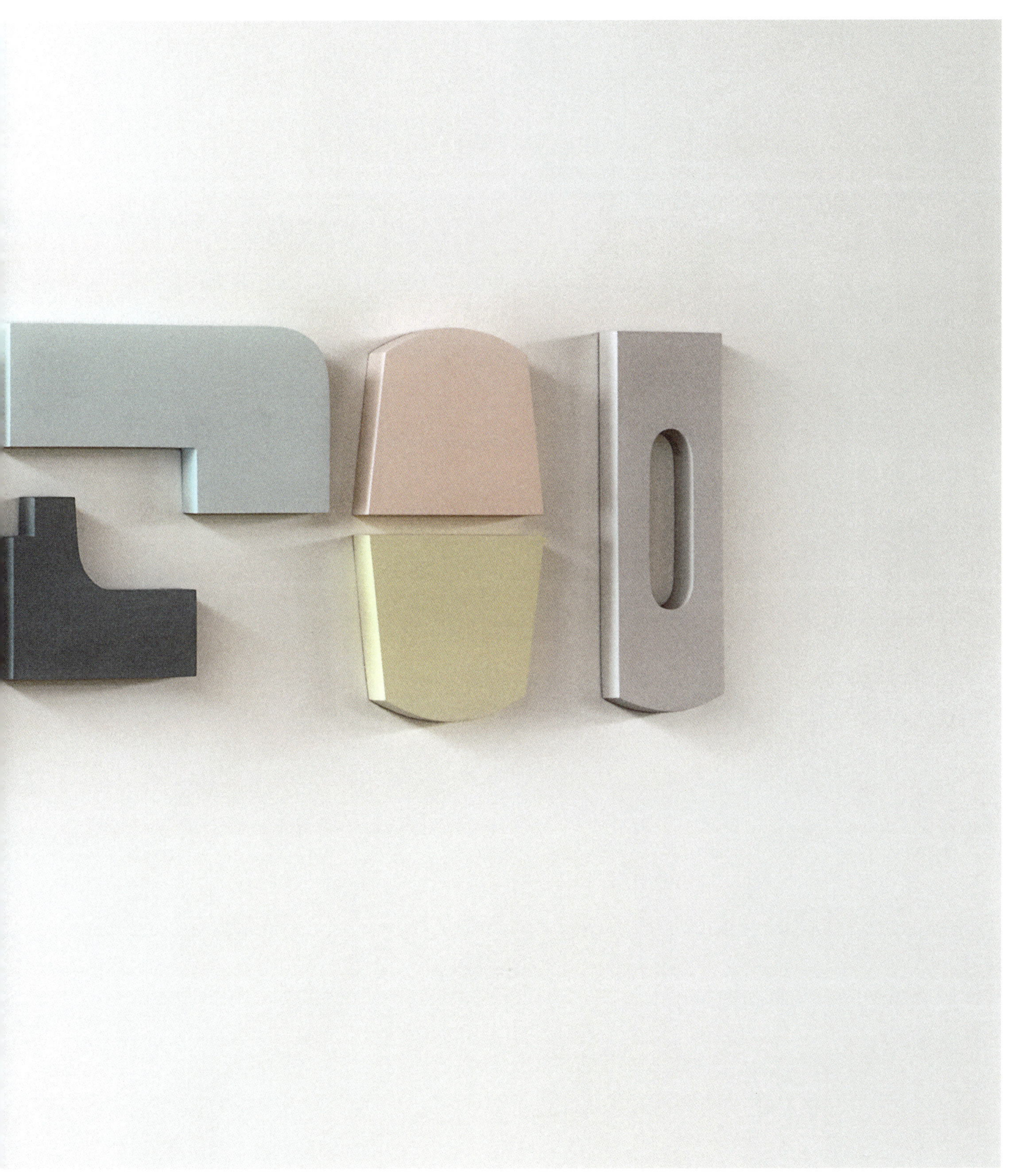

ENRICA CASENTINI _ 2018, *Playground*, 44×182×3,5 cm

Remy Dubibe

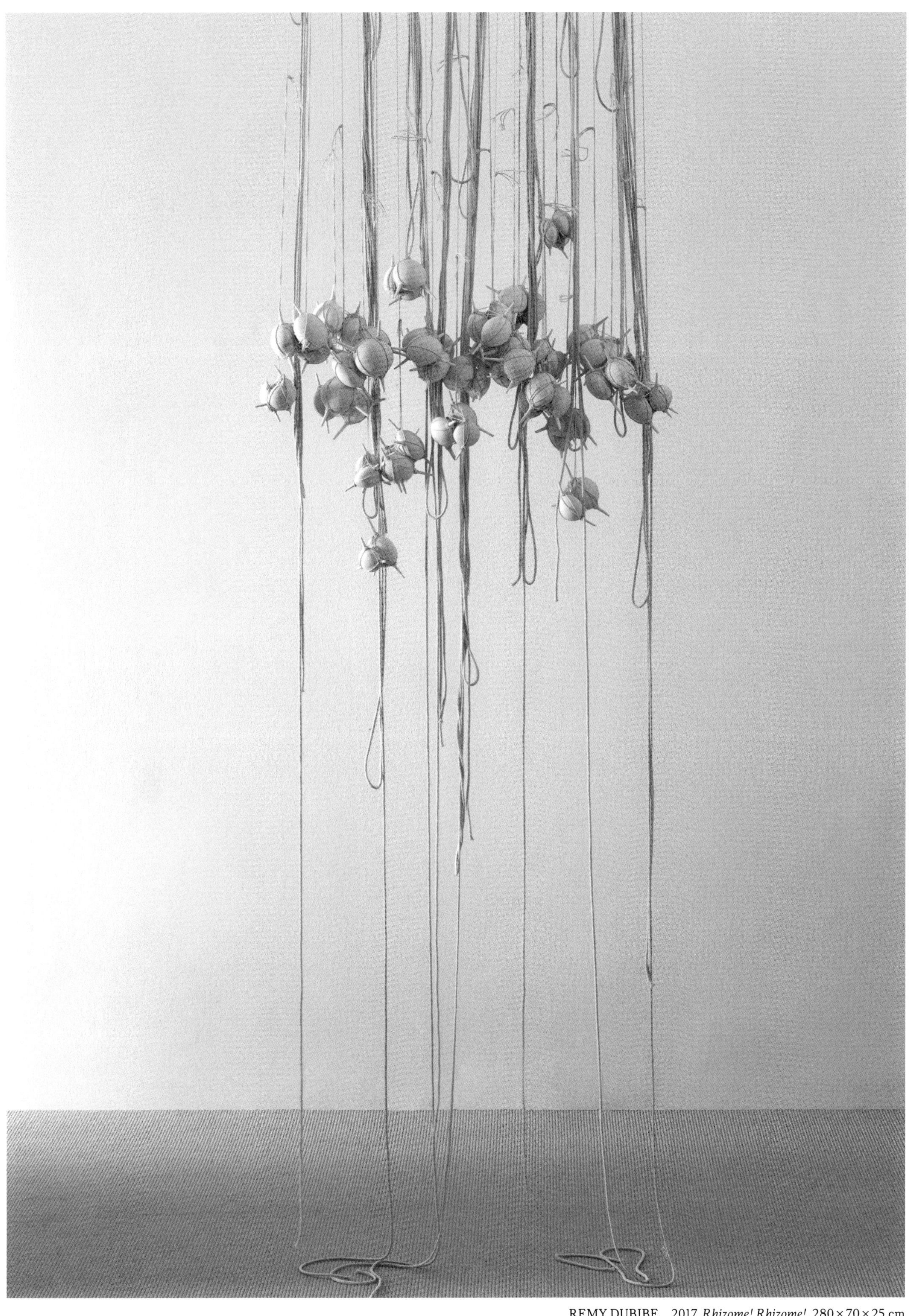

REMY DUBIBE _ 2017, *Rhizome! Rhizome!*, 280 × 70 × 25 cm

Hans Fischer

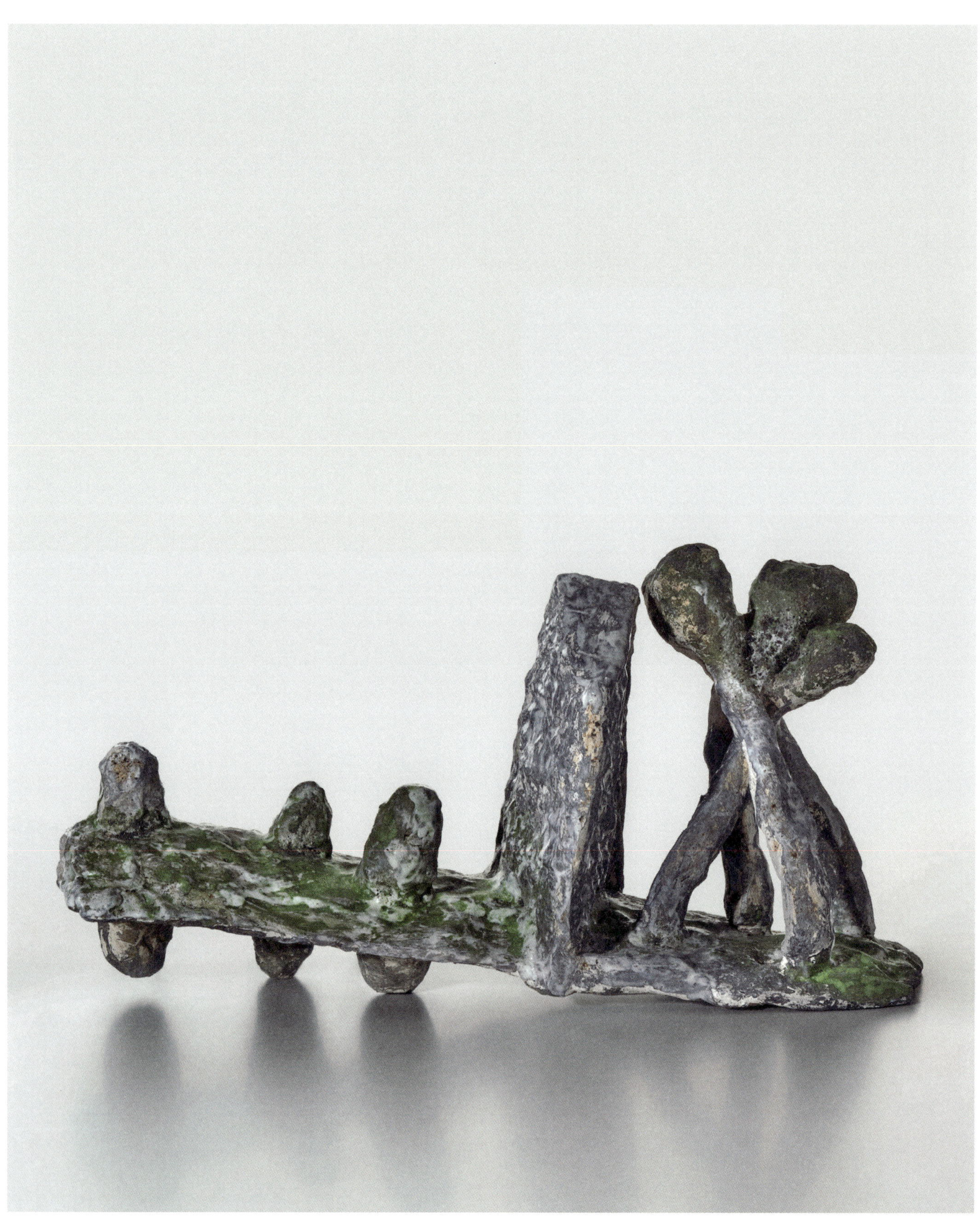

HANS FISCHER _ 2018, *Land 2*, 28 × 54 × 18 cm

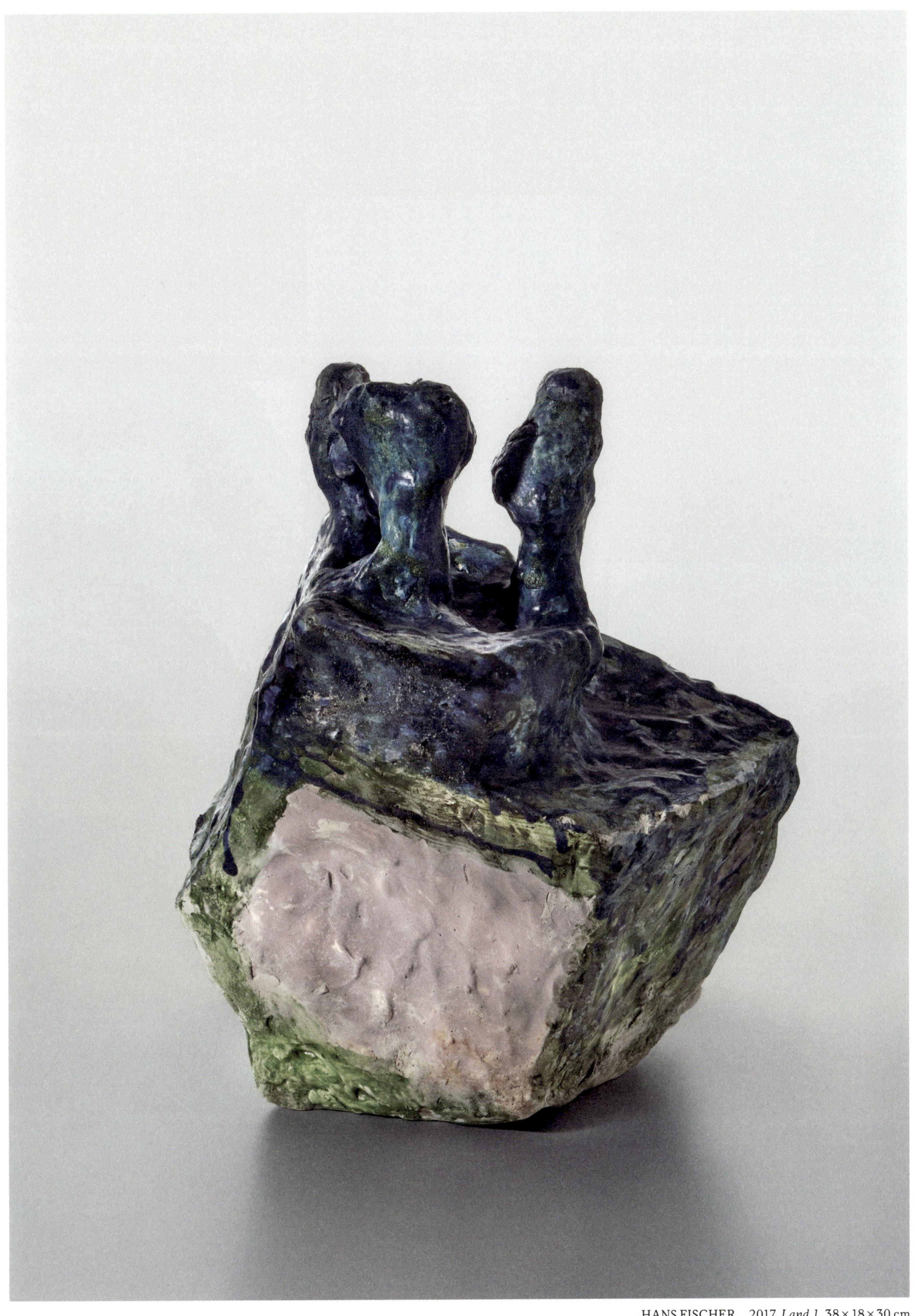

HANS FISCHER _ 2017, *Land 1*, 38 × 18 × 30 cm

Carolyn Genders

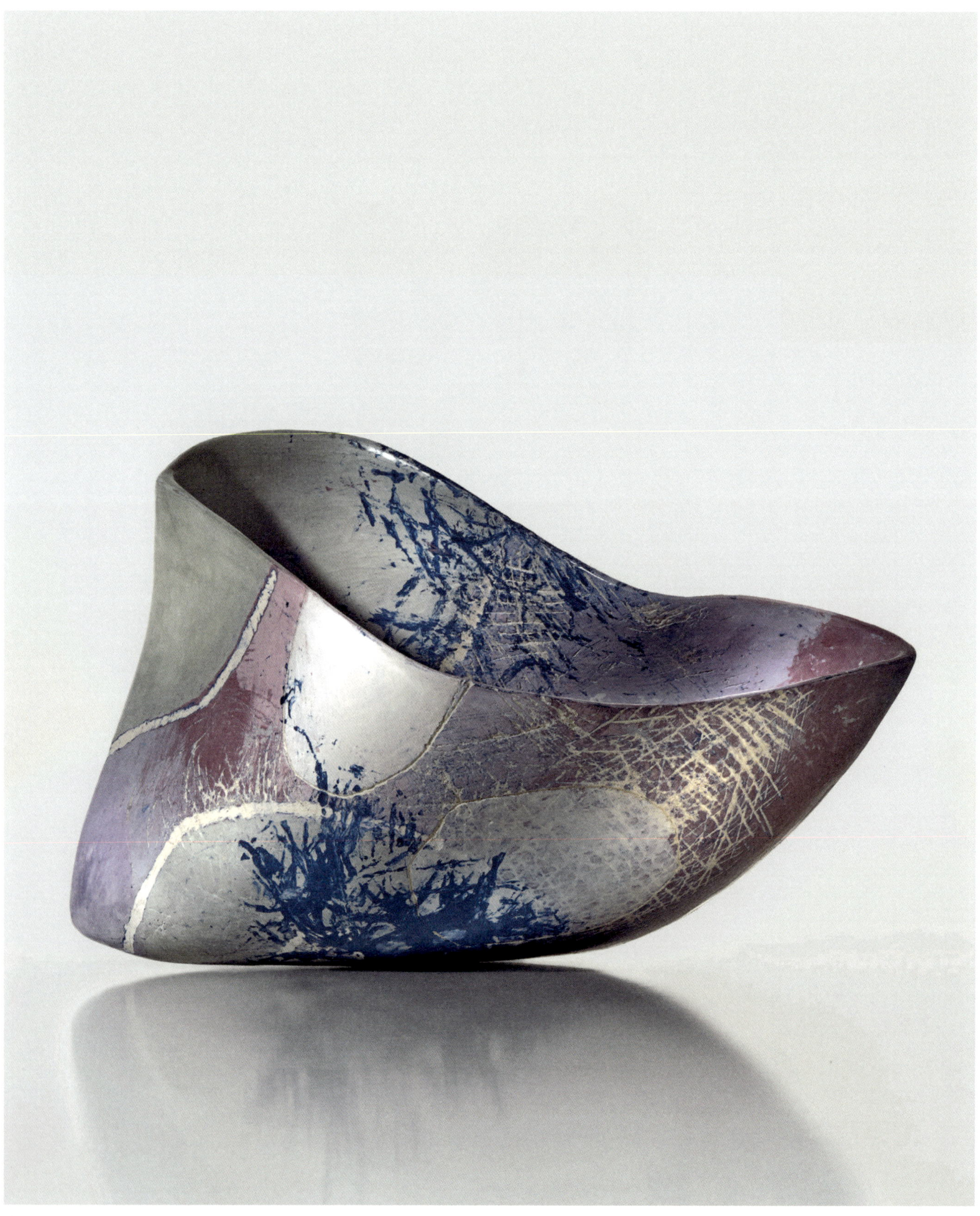

CAROLYN GENDERS _ 2018, *Mauve & grey, blue net sculptural vessel*, 18 × 28 × 20 cm

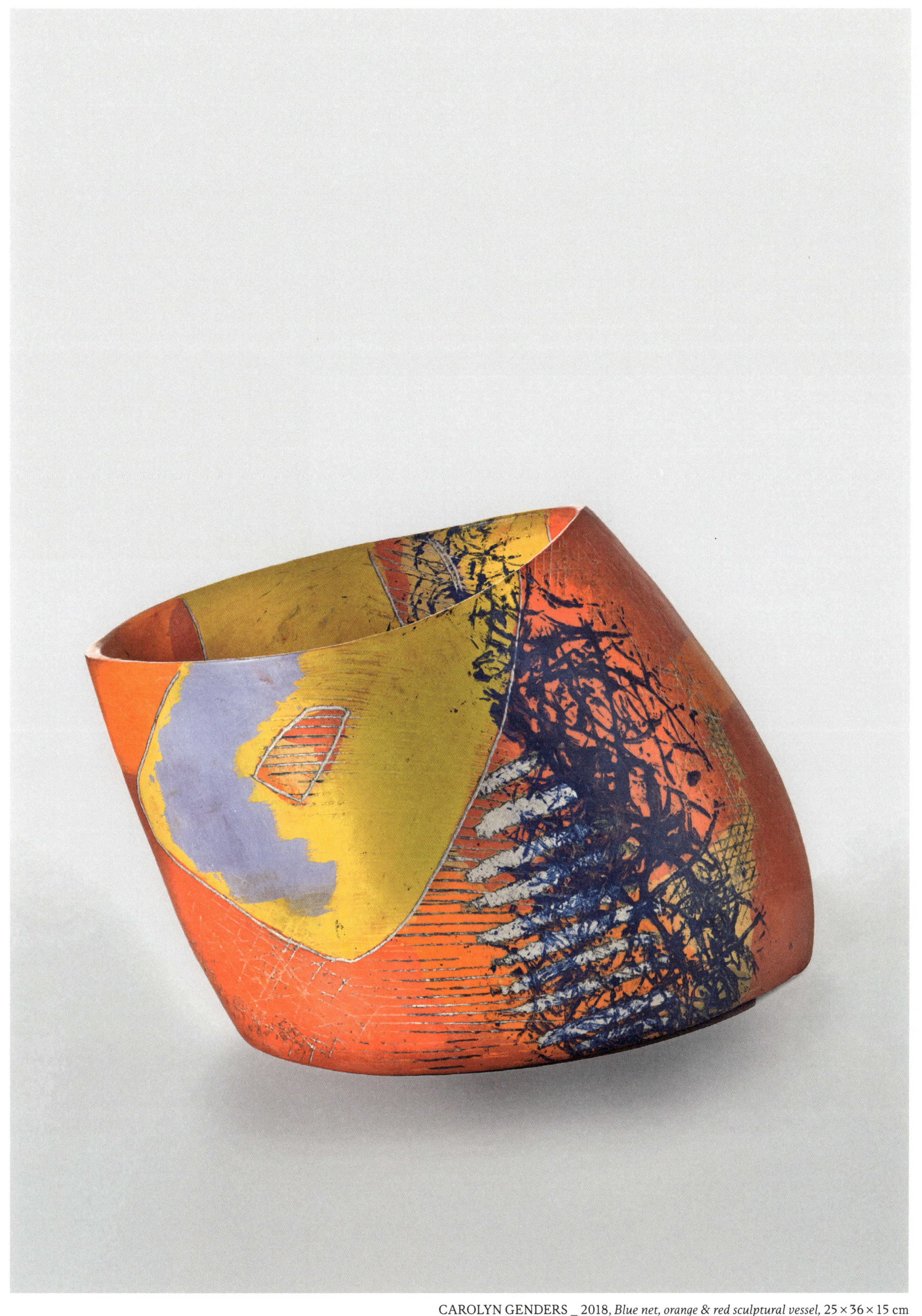

CAROLYN GENDERS _ 2018, *Blue net, orange & red sculptural vessel*, 25 × 36 × 15 cm

Mieke de Groot

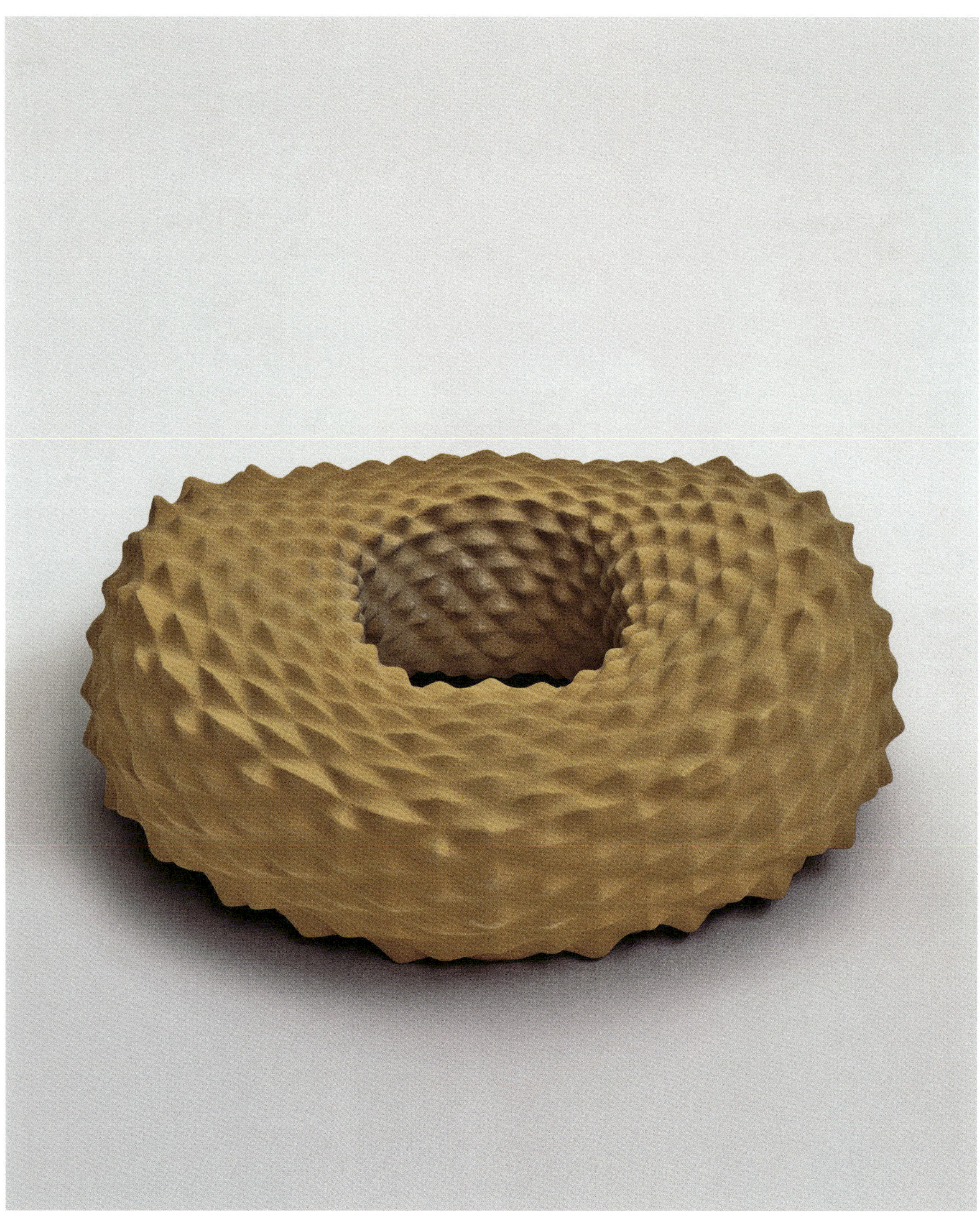

MIEKE DE GROOT _ 2018, *2018-7*, 18×52×52 cm

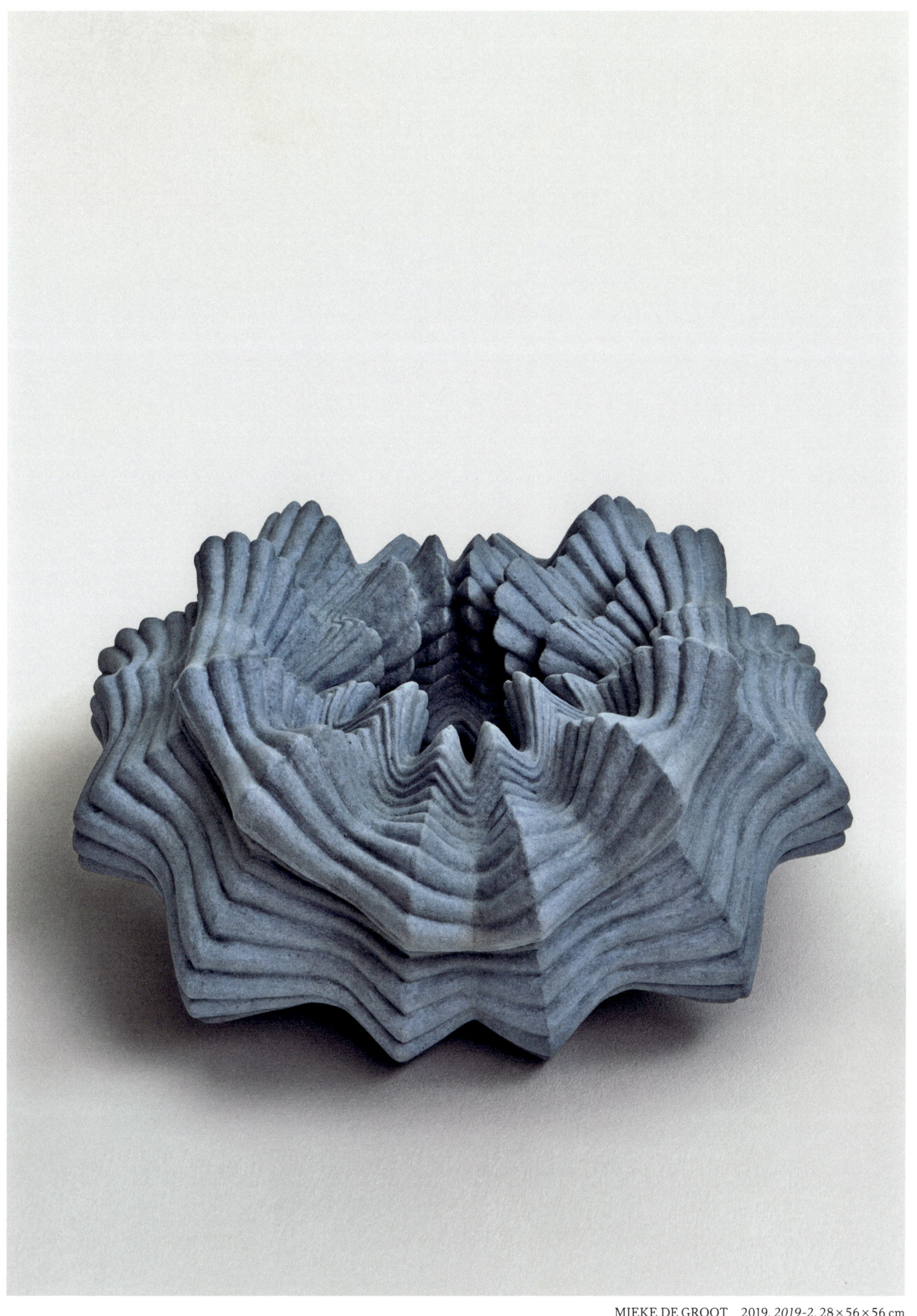

MIEKE DE GROOT _ 2019, *2019-2*, 28 × 56 × 56 cm

Teja van Hoften

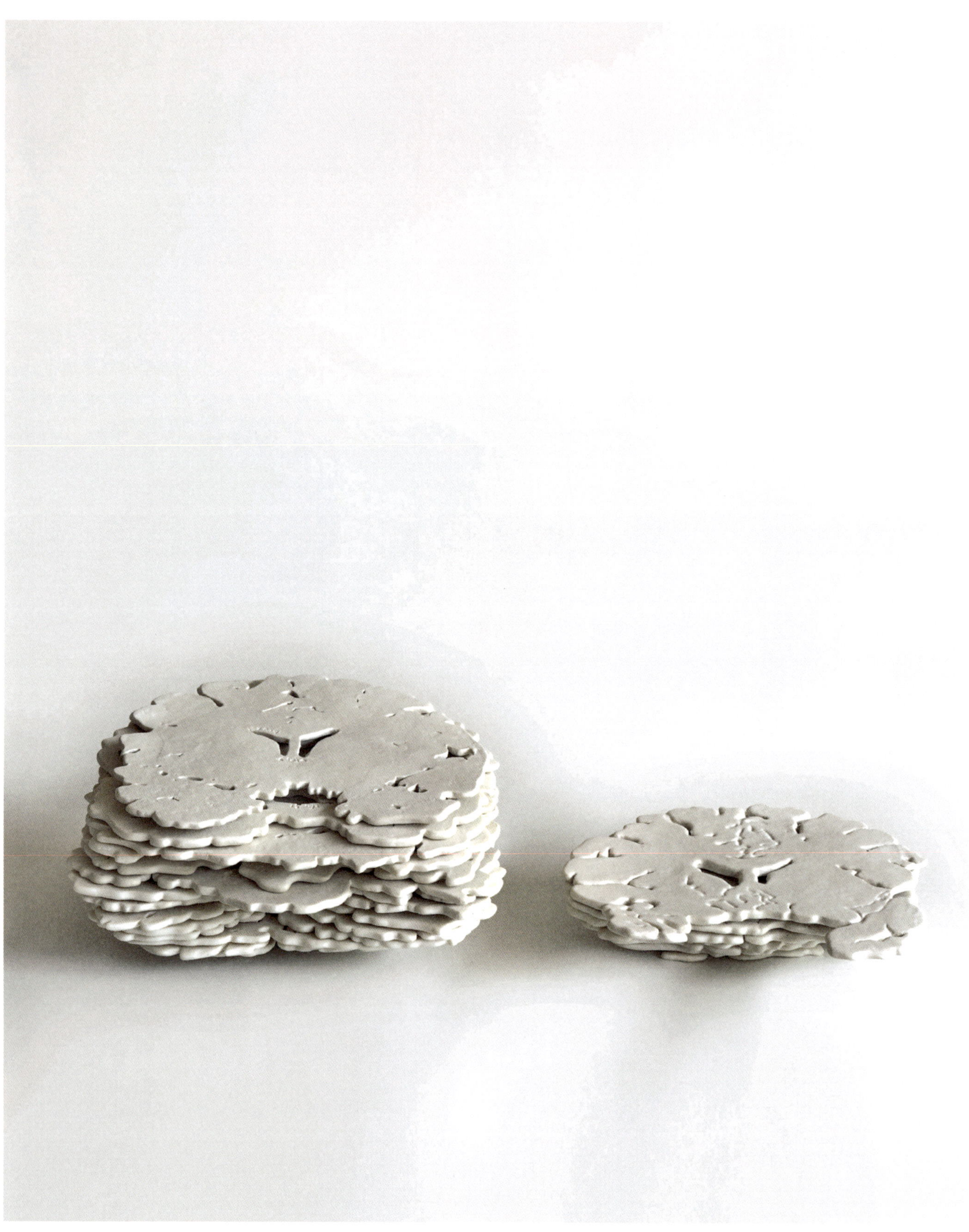

TEJA VAN HOFTEN _ 2017, *brain scans*, 15 × 15,2 × 15 cm

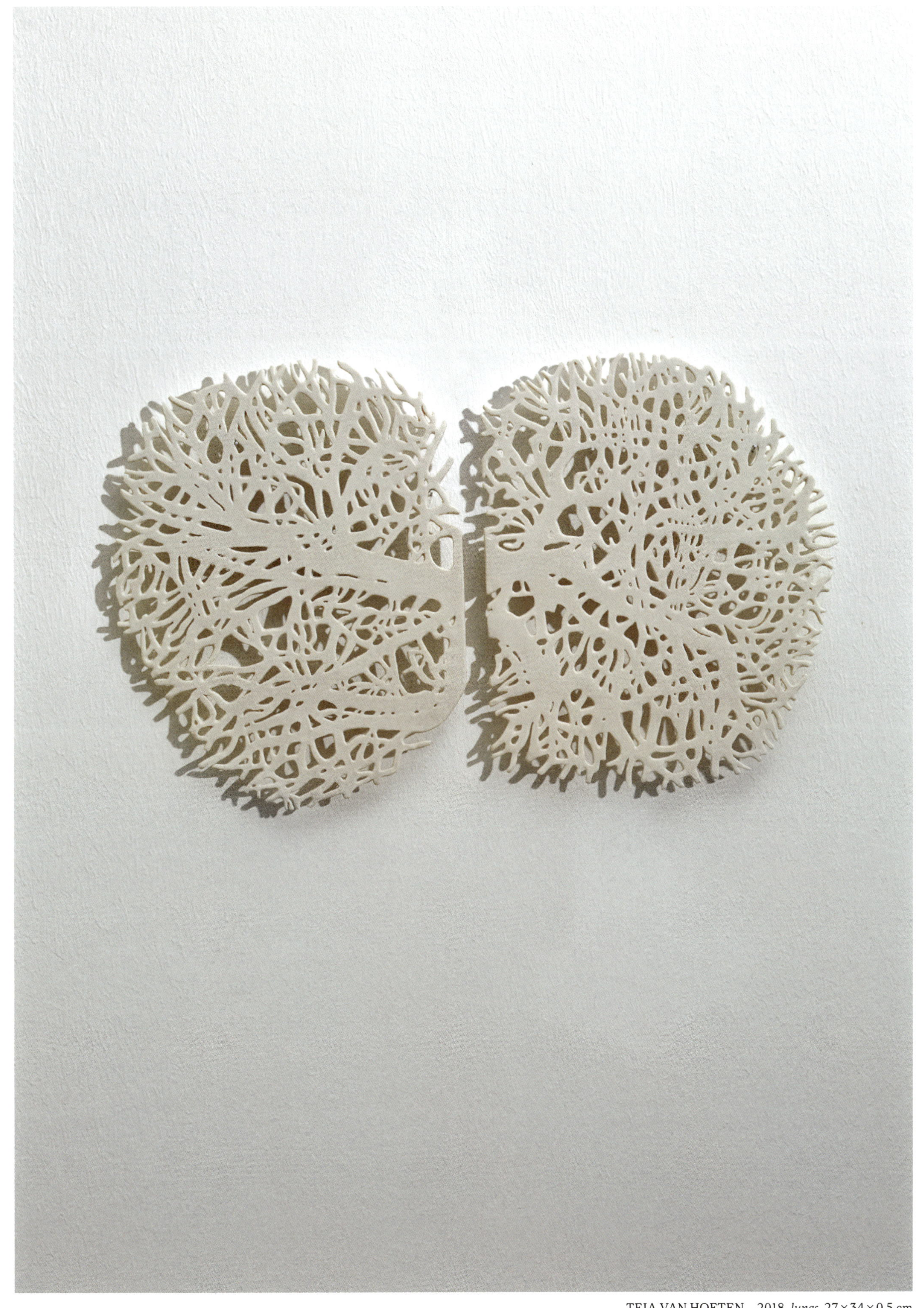

TEJA VAN HOFTEN _ 2018, *lungs*, 27 × 34 × 0,5 cm

Peter Hoogeboom

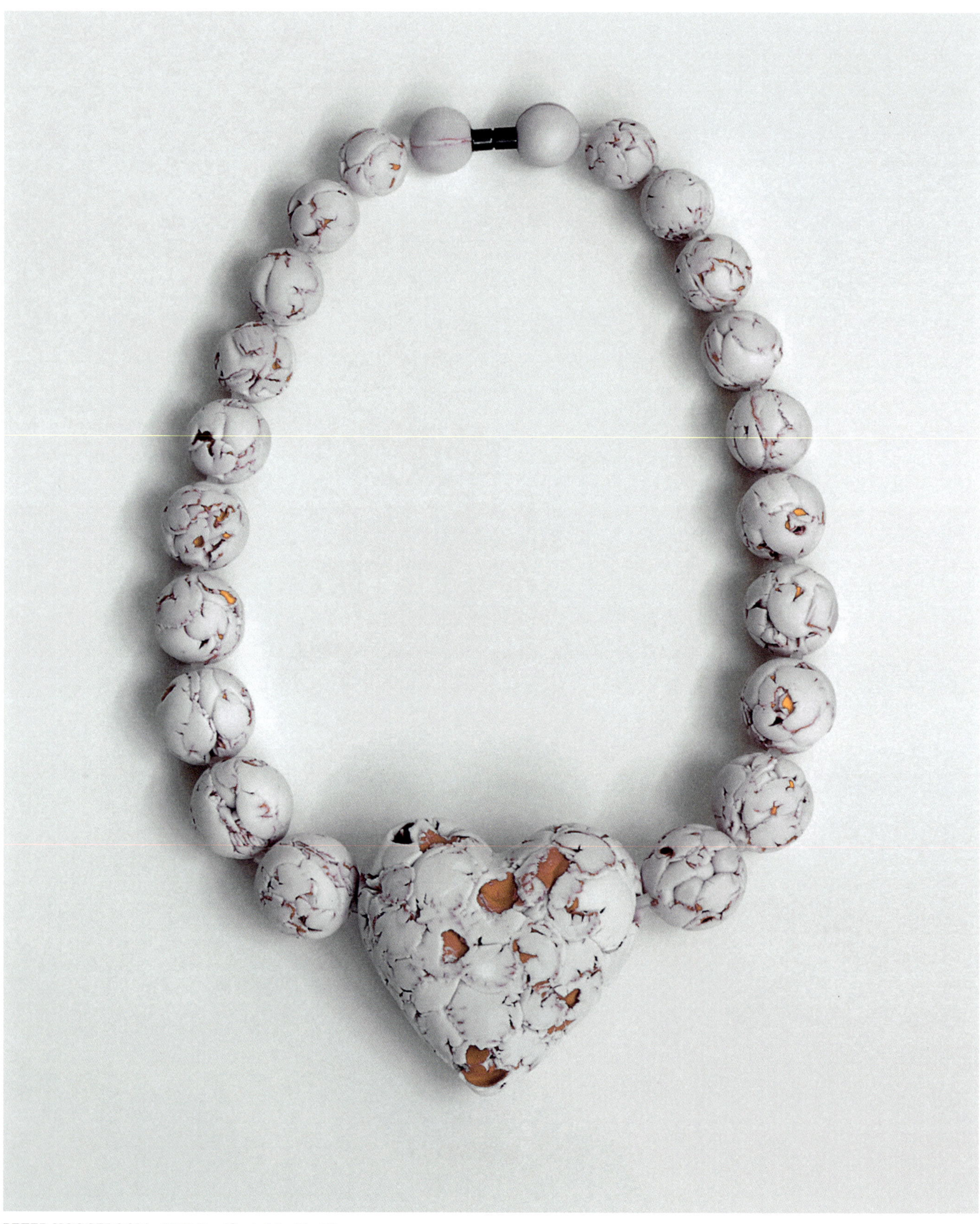

PETER HOOGEBOOM _ 2017, *Sacrifice 1*, 3,5 × 21 × 24 cm

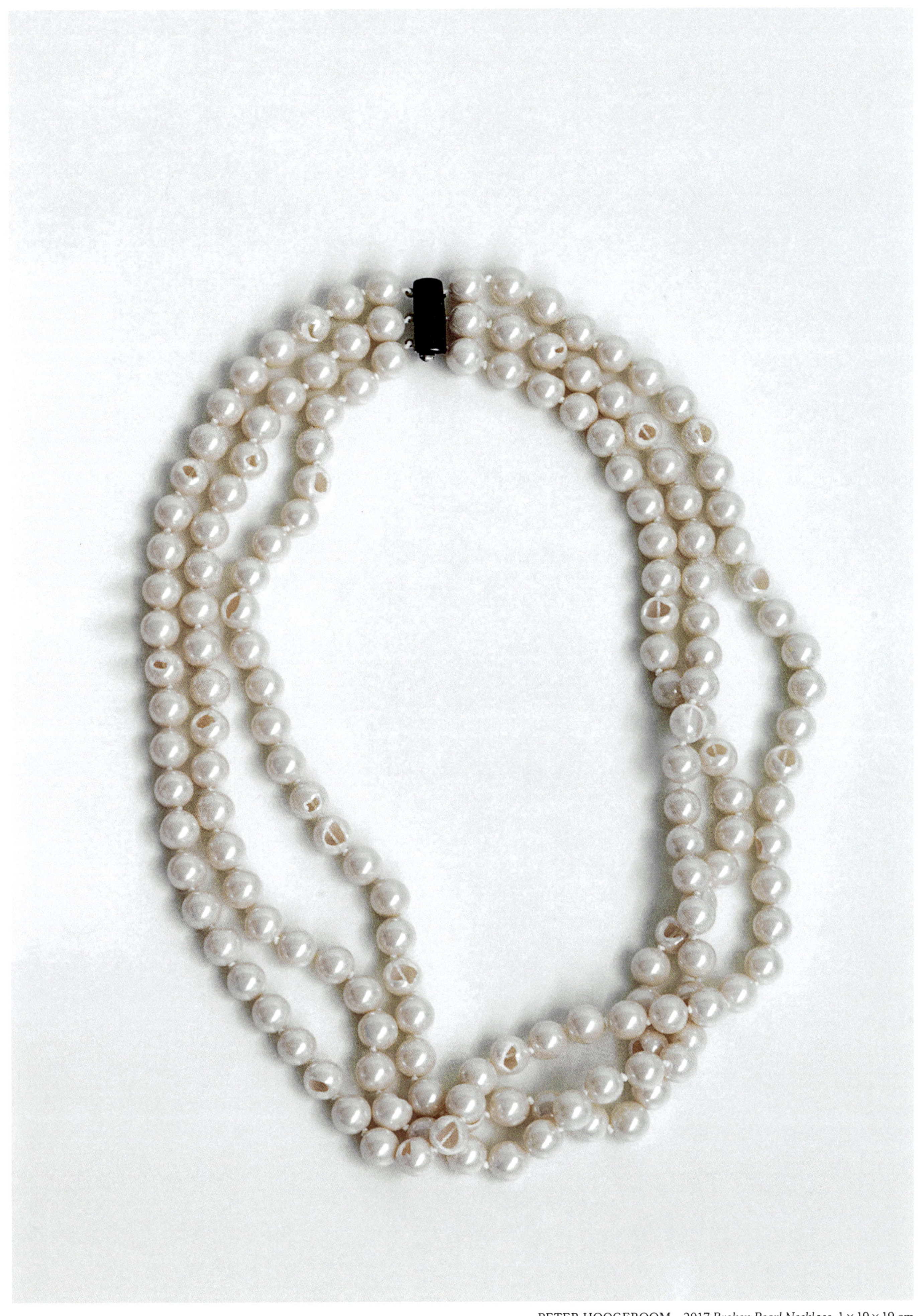

PETER HOOGEBOOM _ 2017, *Broken Pearl Necklace*, 1 × 19 × 19 cm

Dana Jeschke

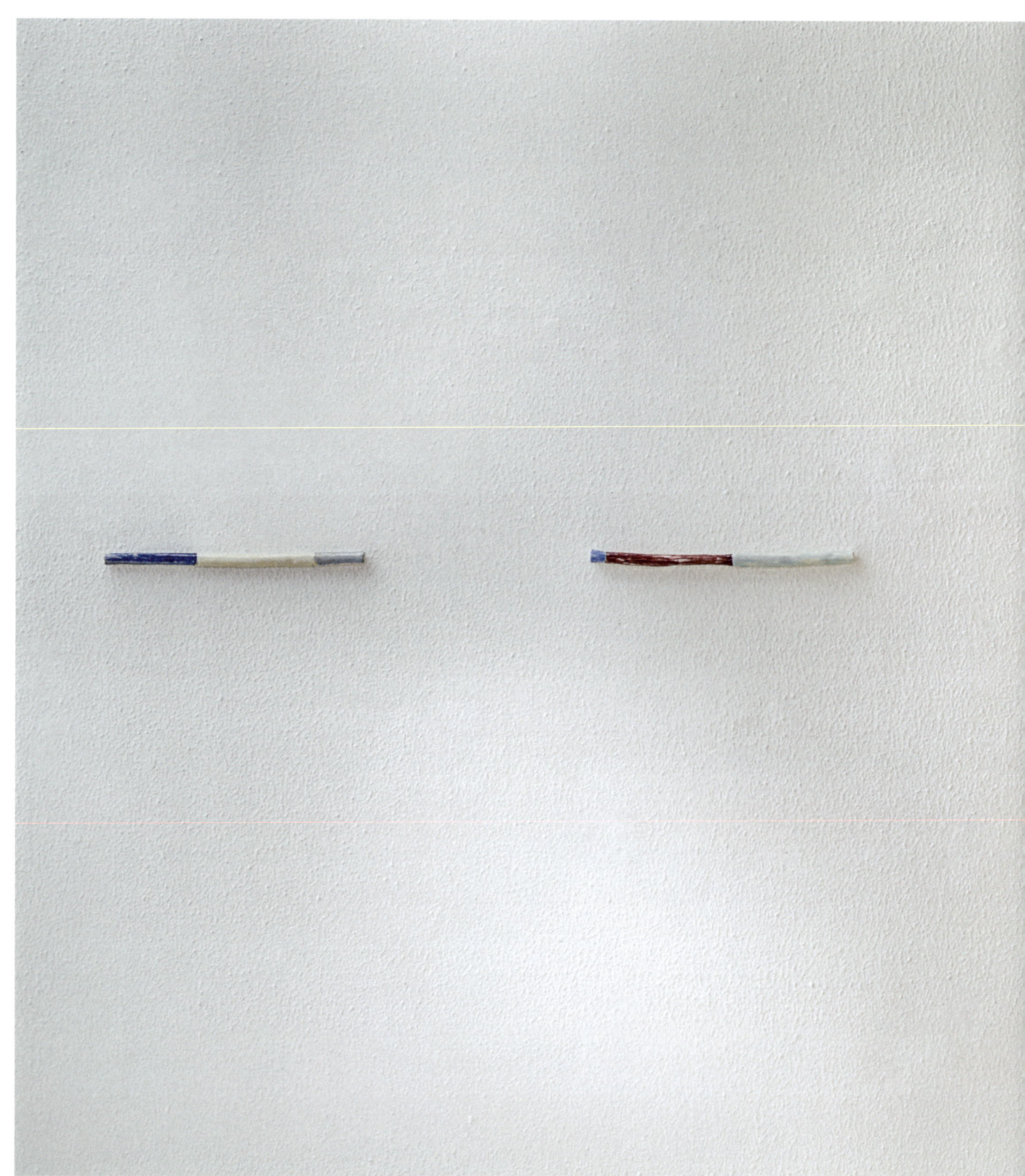

DANA JESCHKE _ 2017, *tauchen, aus der Werkgruppe: Kaliningrad*, je / each 1,5 × 35 × 1,5 cm

kaas+heger

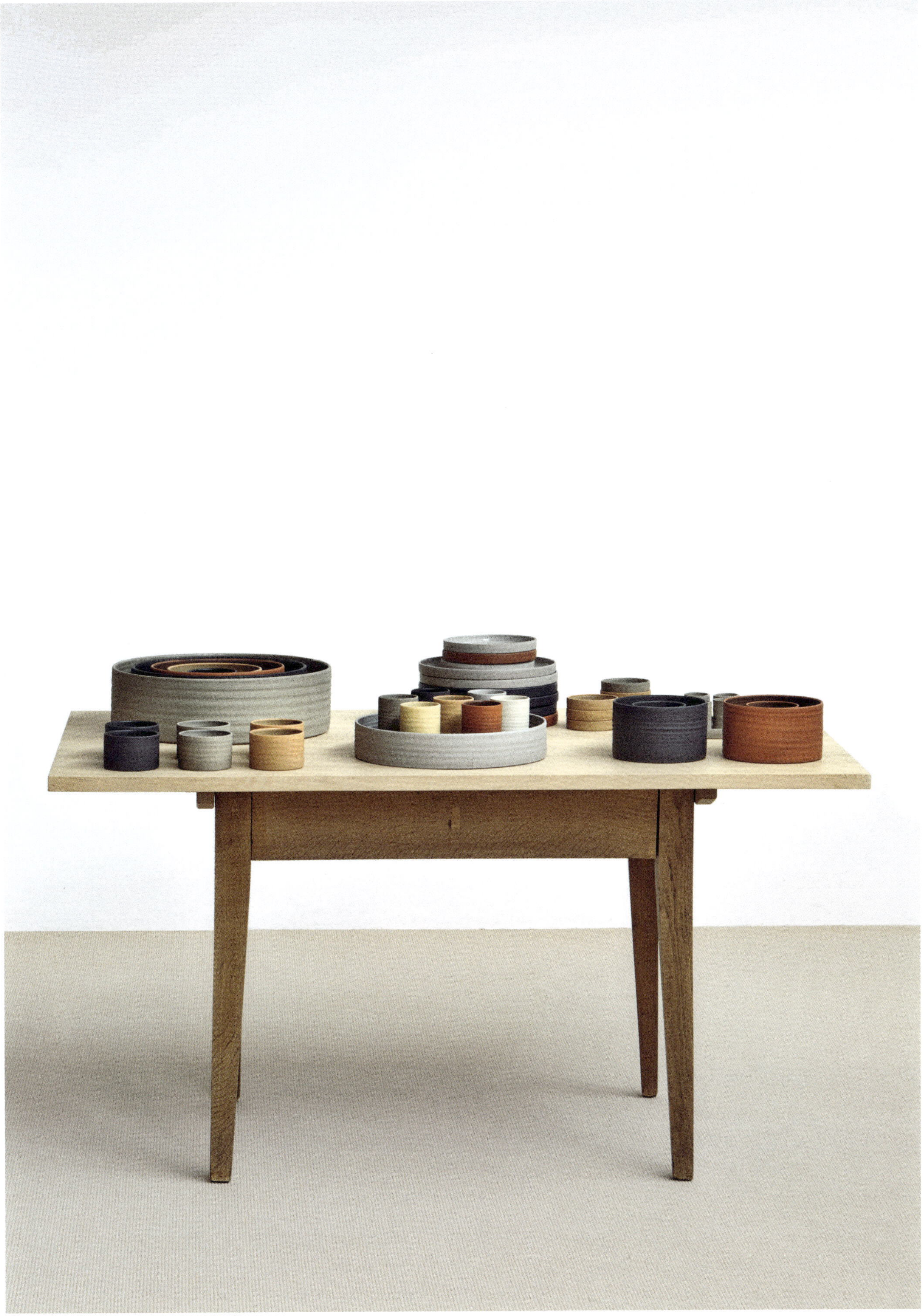

KAAS+HEGER _ 2019, *Game*, 98 × 160 × 80 cm

Laura Johanna König

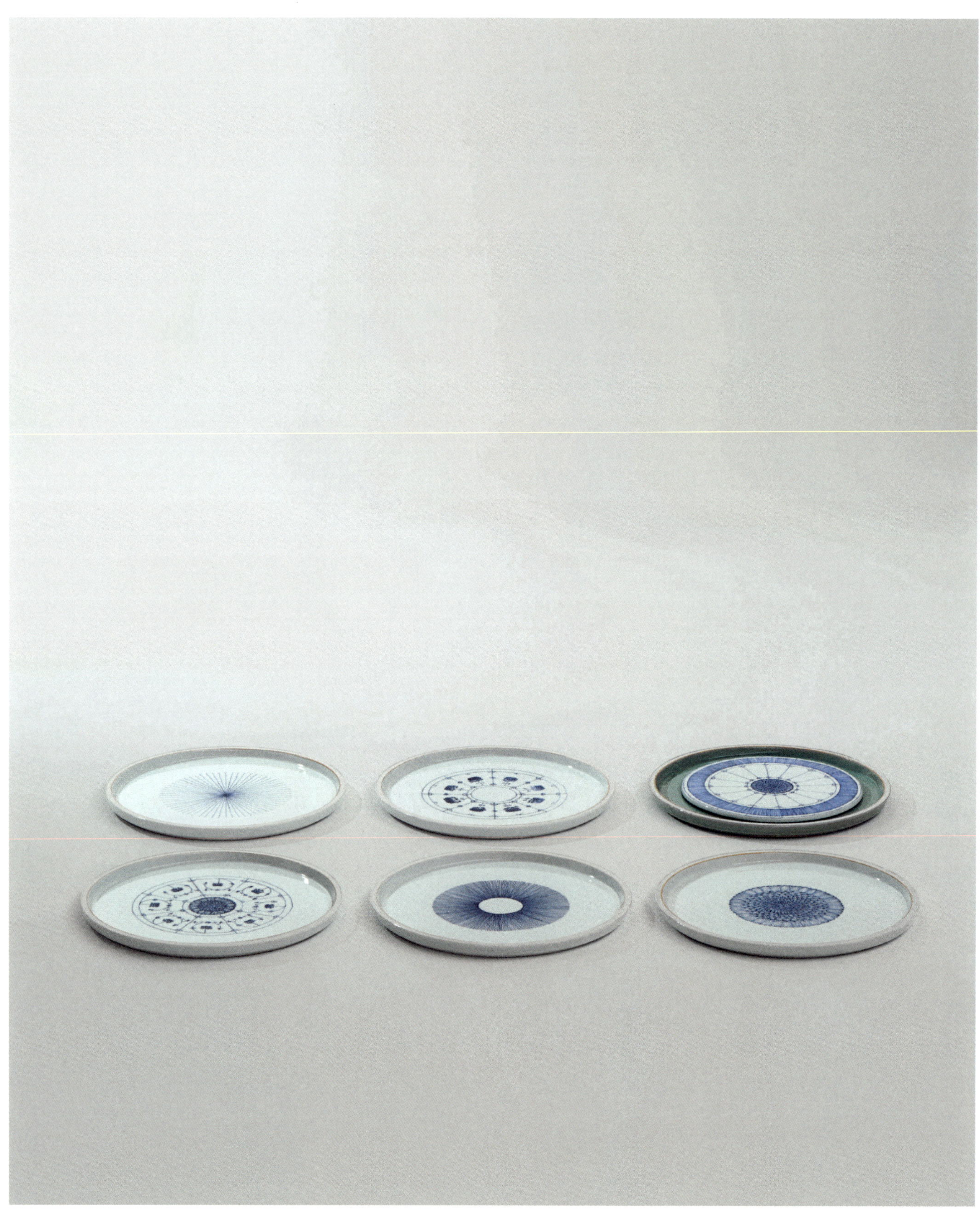

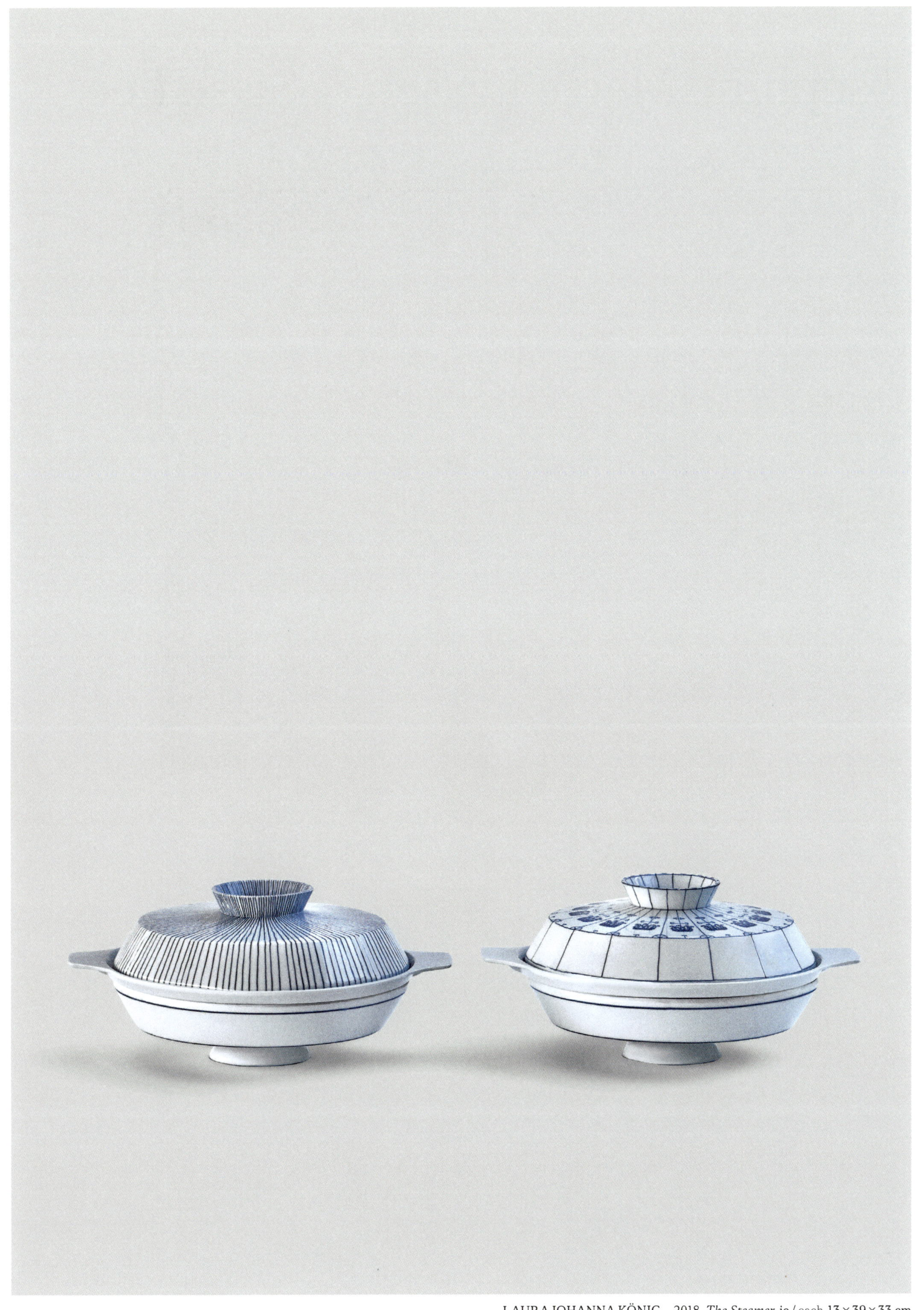

LAURA JOHANNA KÖNIG _ 2018, *The Steamer*, je / each 13 × 39 × 33 cm

Josephine Mette Larsen & Sisse Lee

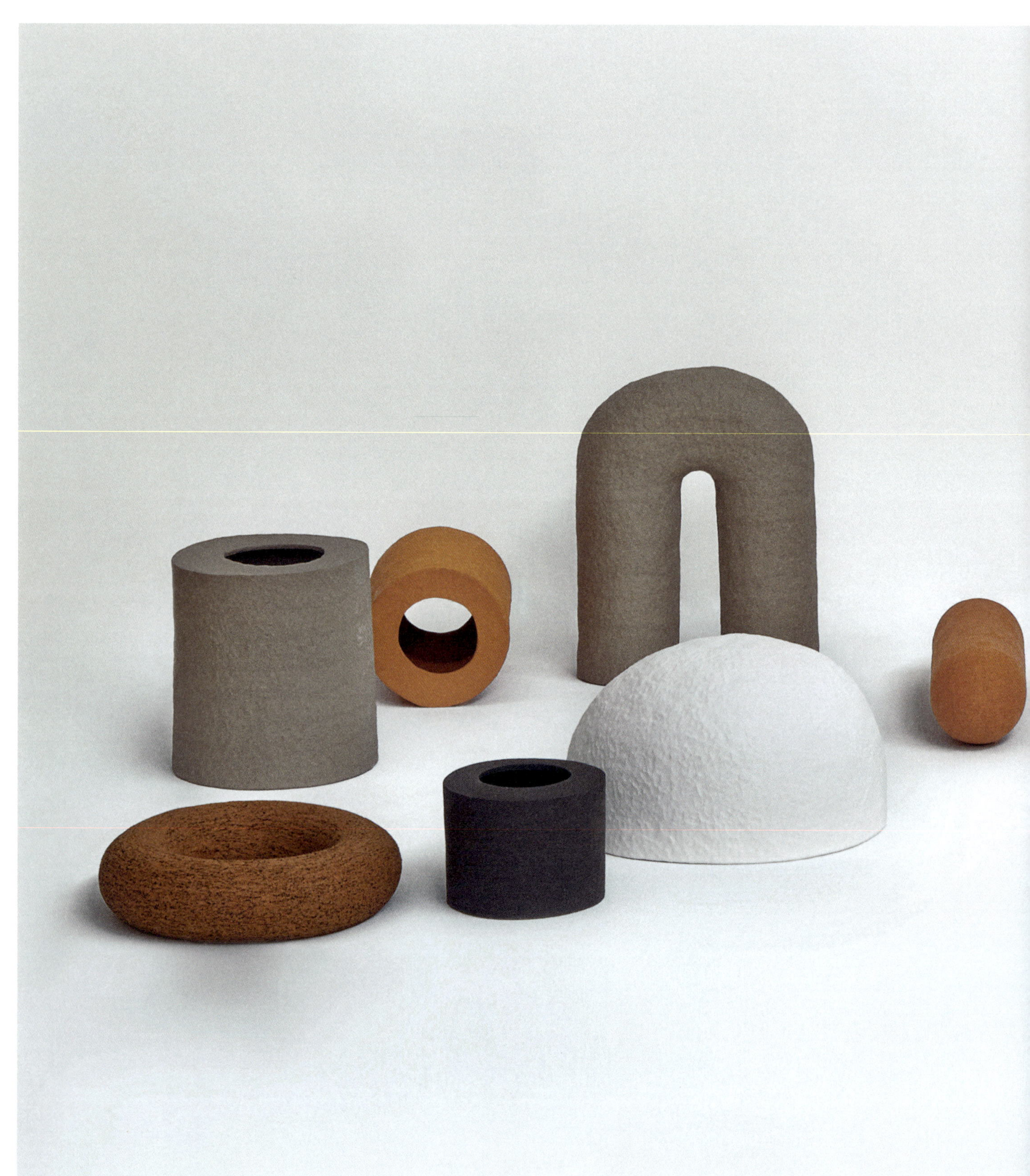

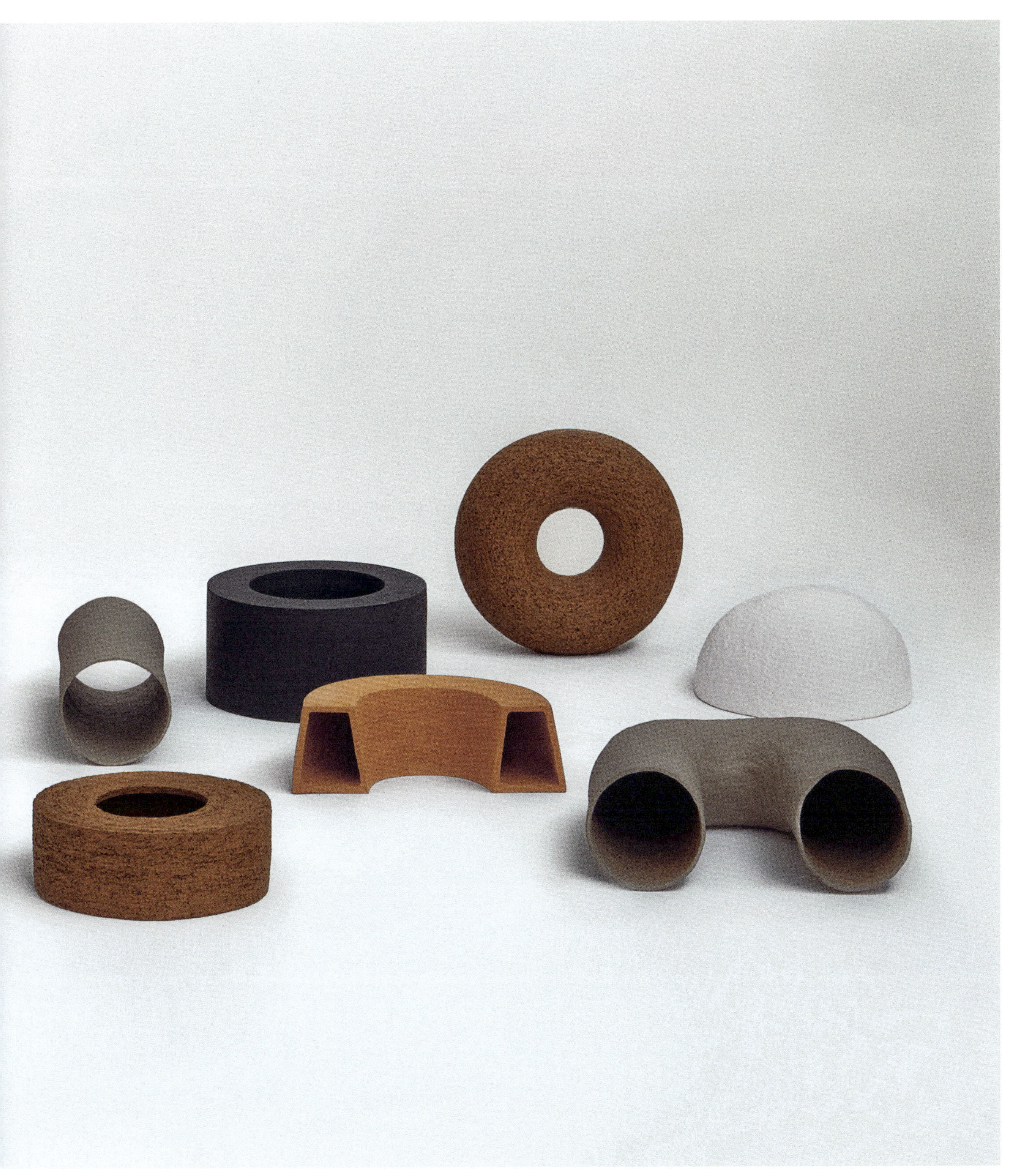

JOSEPHINE METTE LARSEN & SISSE LEE _ 2018, *I Roll, I Wallow*, 32 × 202 × 172 cm

Nicholas Lees

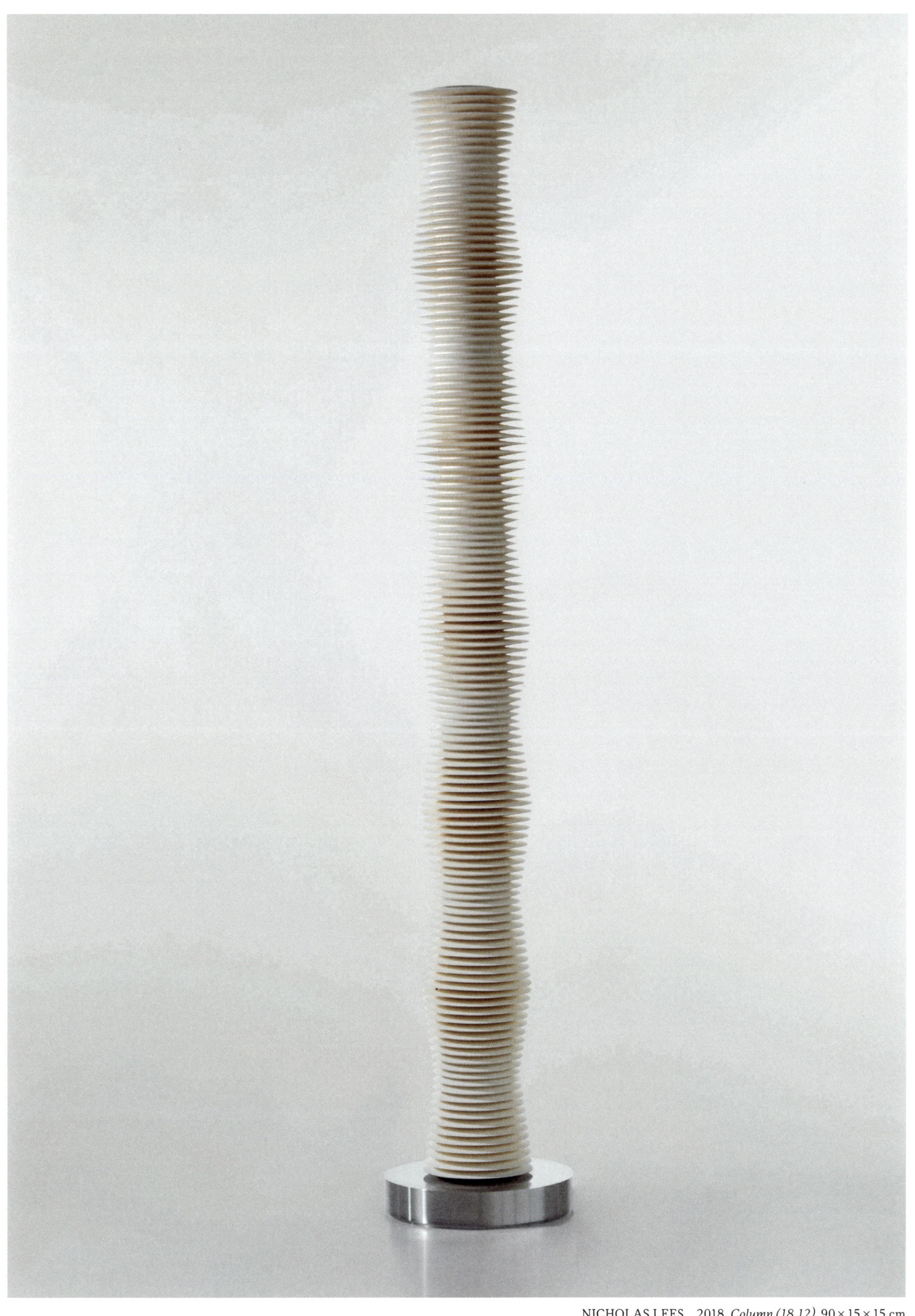

NICHOLAS LEES _ 2018, *Column (18.12)*, 90 × 15 × 15 cm

Deirdre McLoughlin

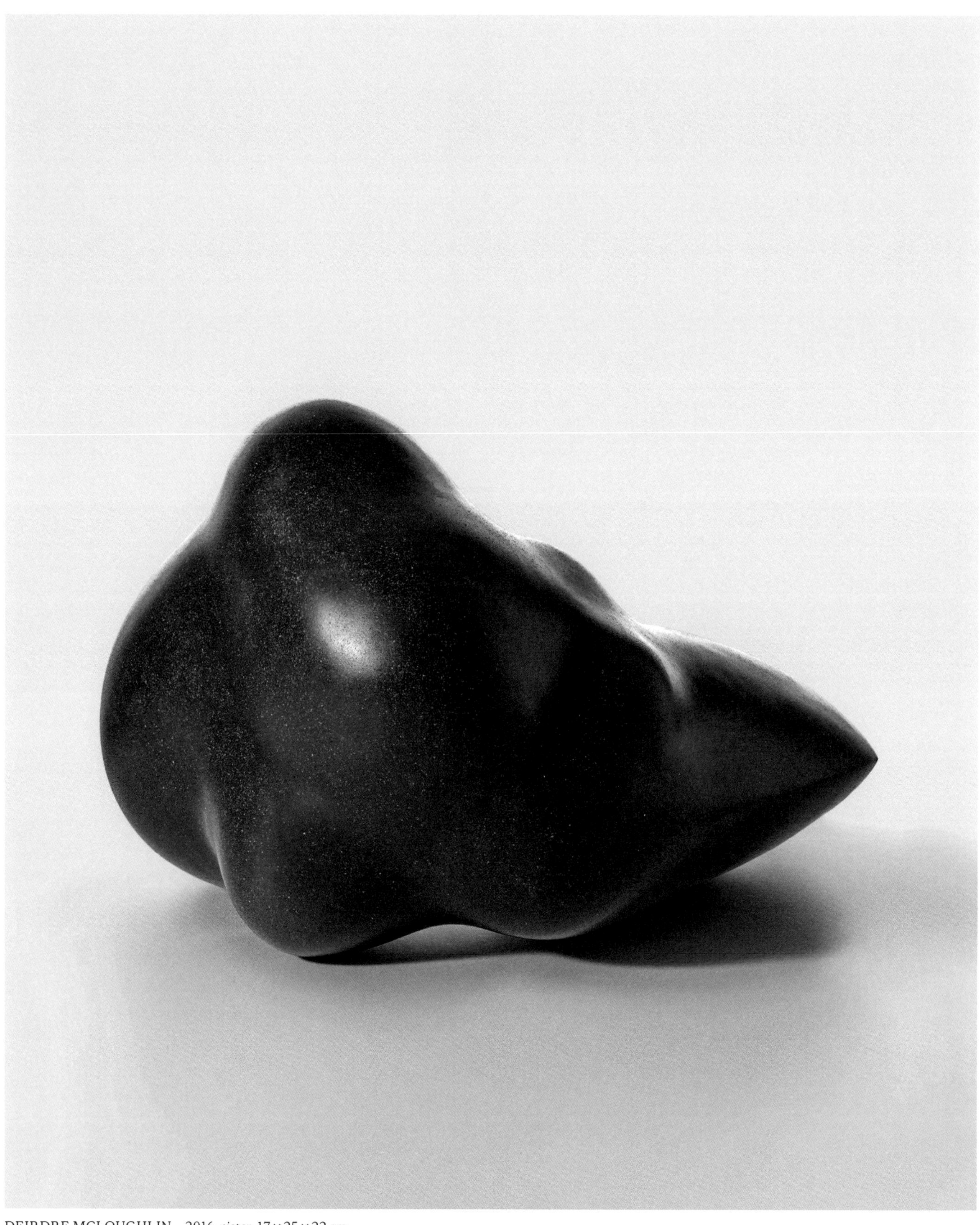

DEIRDRE MCLOUGHLIN _ 2016, *sister*, 17 × 25 × 22 cm

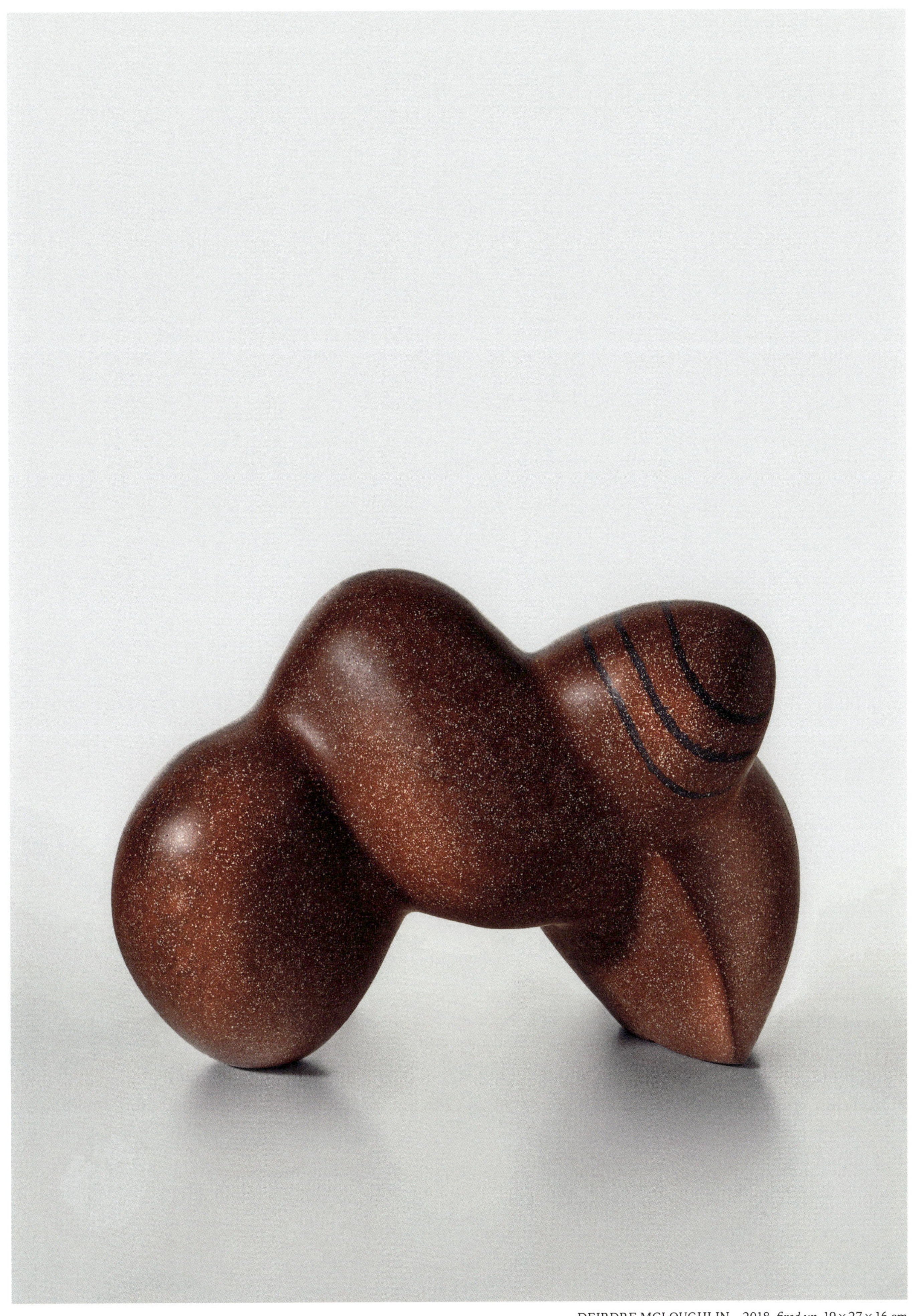

DEIRDRE MCLOUGHLIN _ 2018, *fired up*, 19 × 27 × 16 cm

Christoph Möller

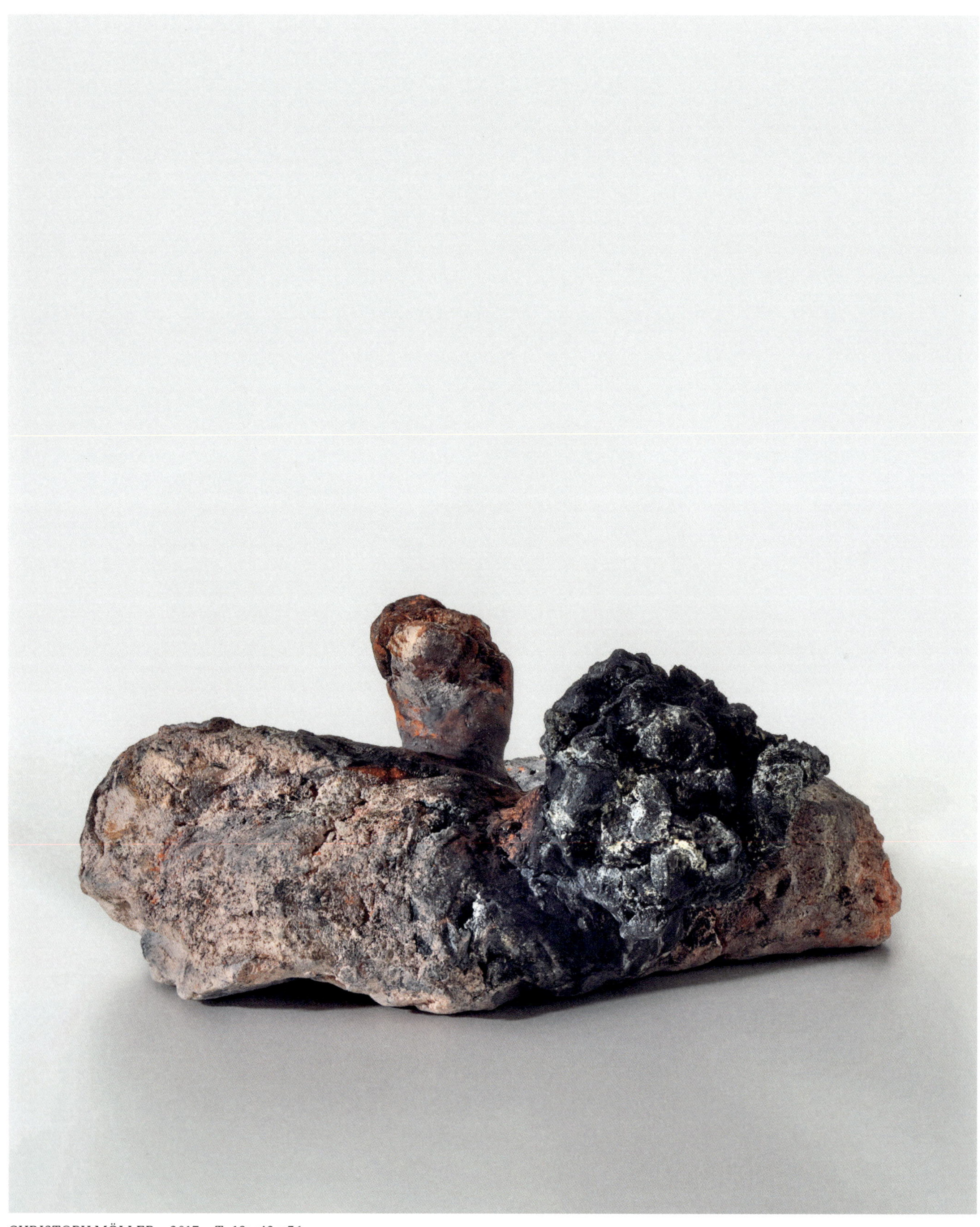

CHRISTOPH MÖLLER _ 2017, *o.T.*, 19×42×36 cm

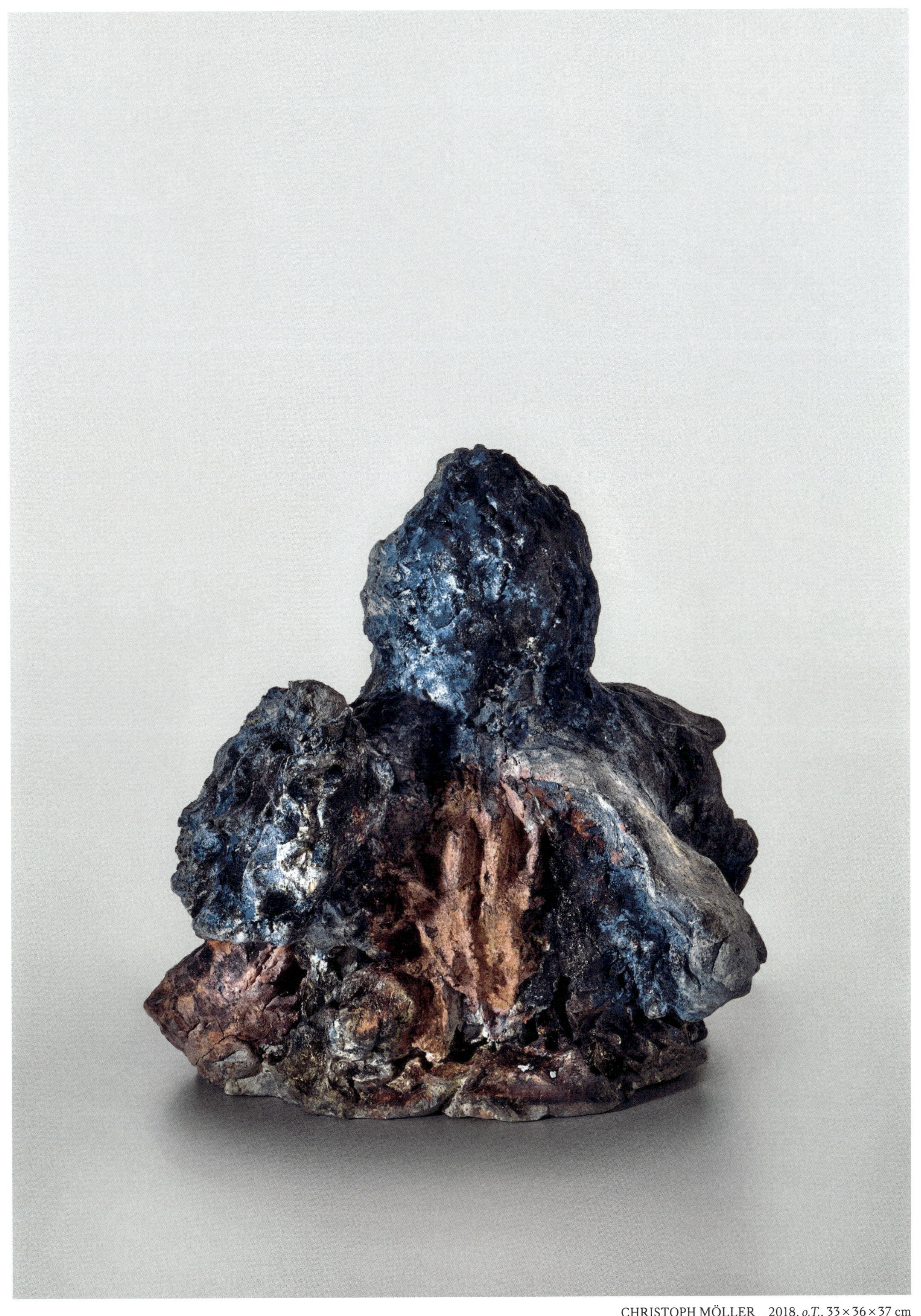

CHRISTOPH MÖLLER _ 2018, *o.T.*, 33 × 36 × 37 cm

Aino Nebel

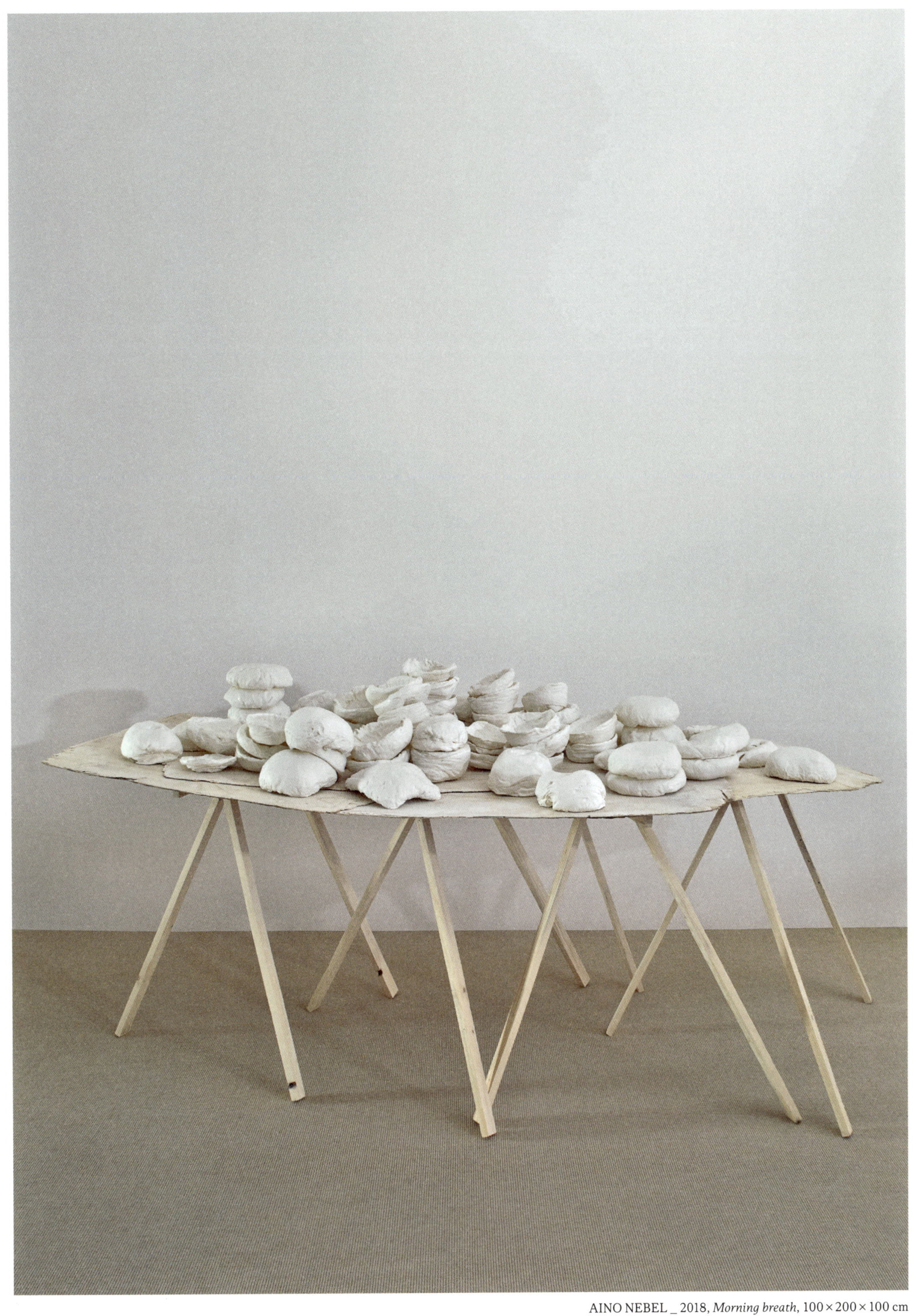

AINO NEBEL _ 2018, *Morning breath*, 100 × 200 × 100 cm

Marta Palmieri

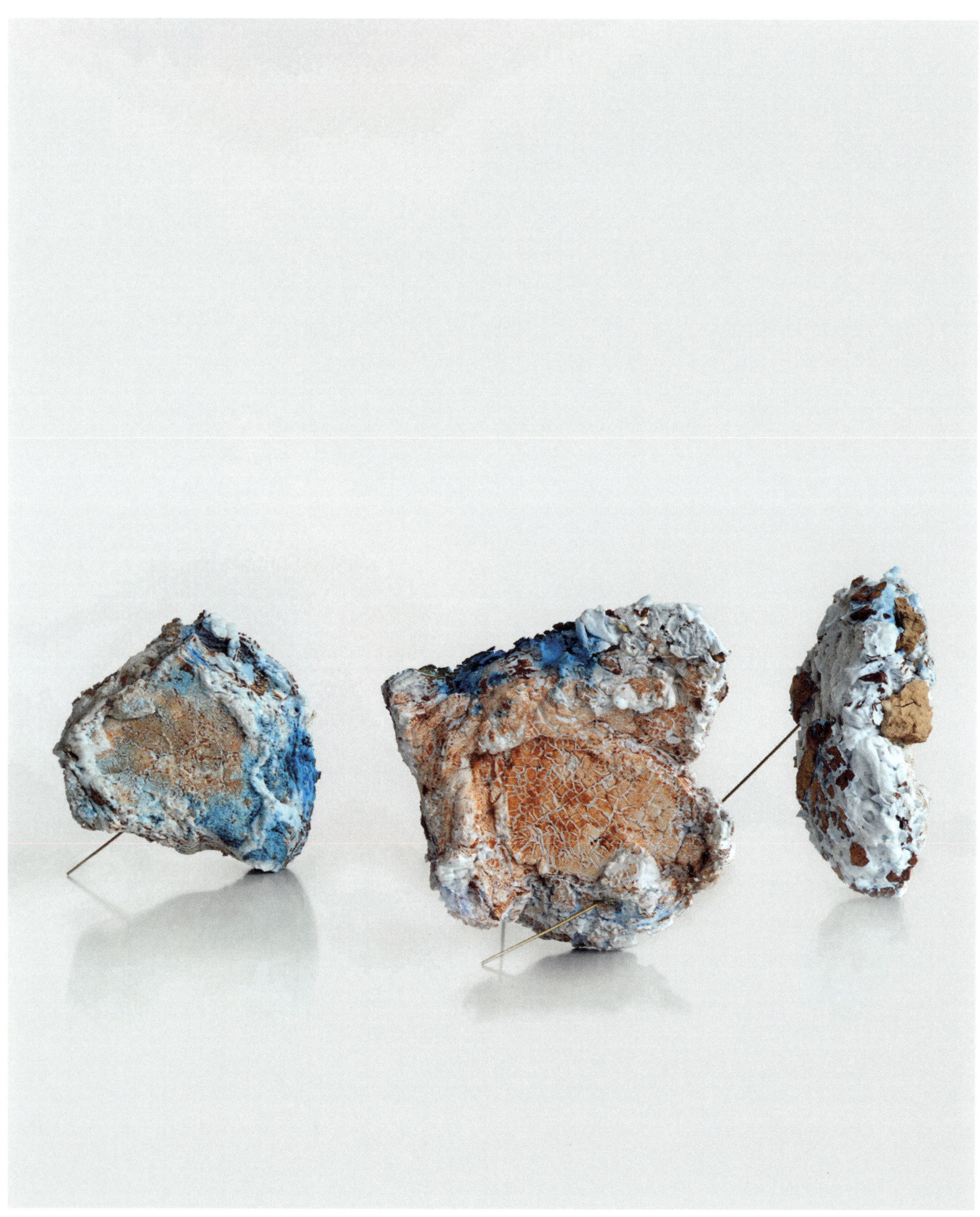

MARTA PALMIERI _ 2018, *Trace*, 35 × 100 × 80 cm

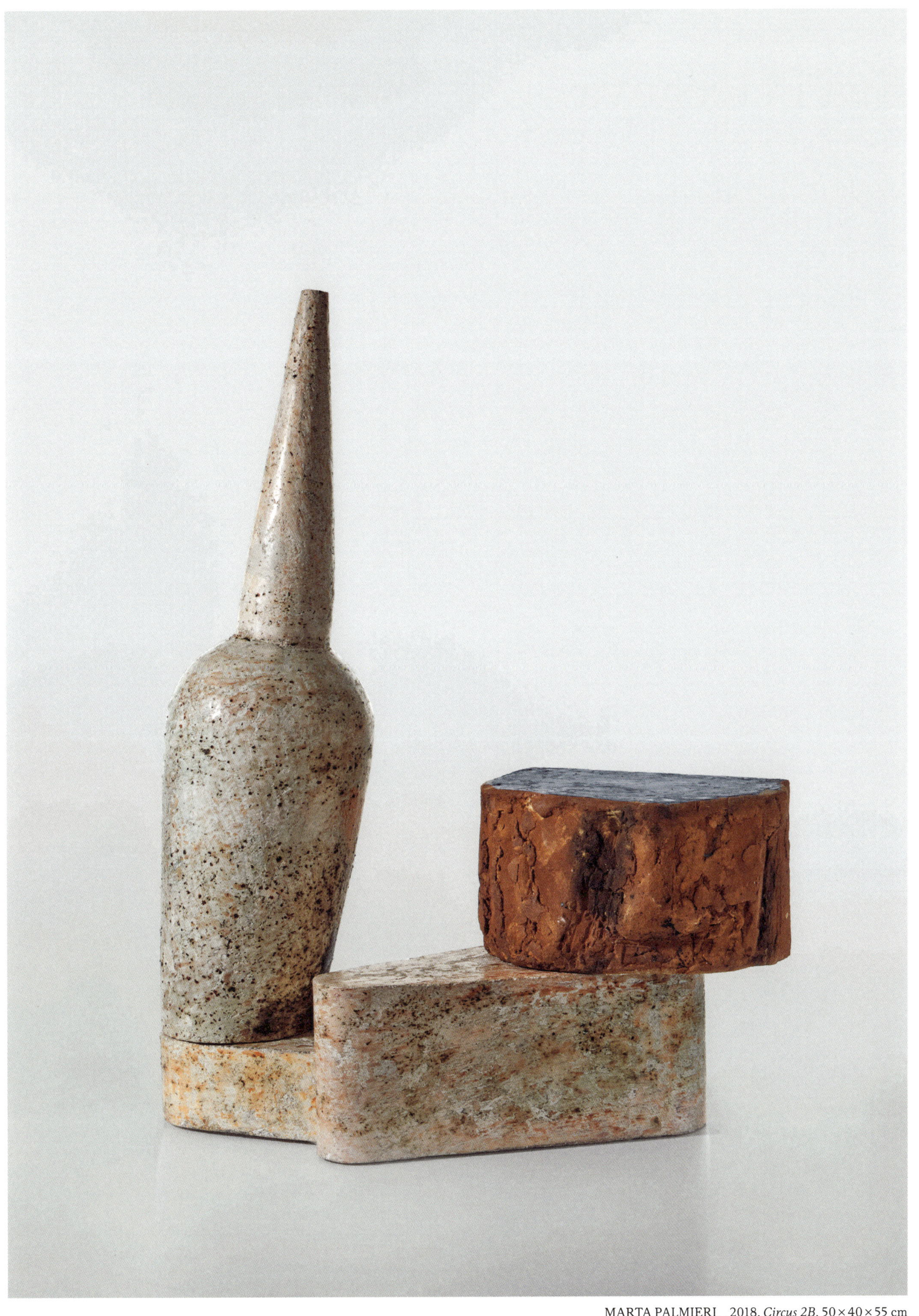

MARTA PALMIERI _ 2018, *Circus 2B*, 50 × 40 × 55 cm

Eva Pelechová

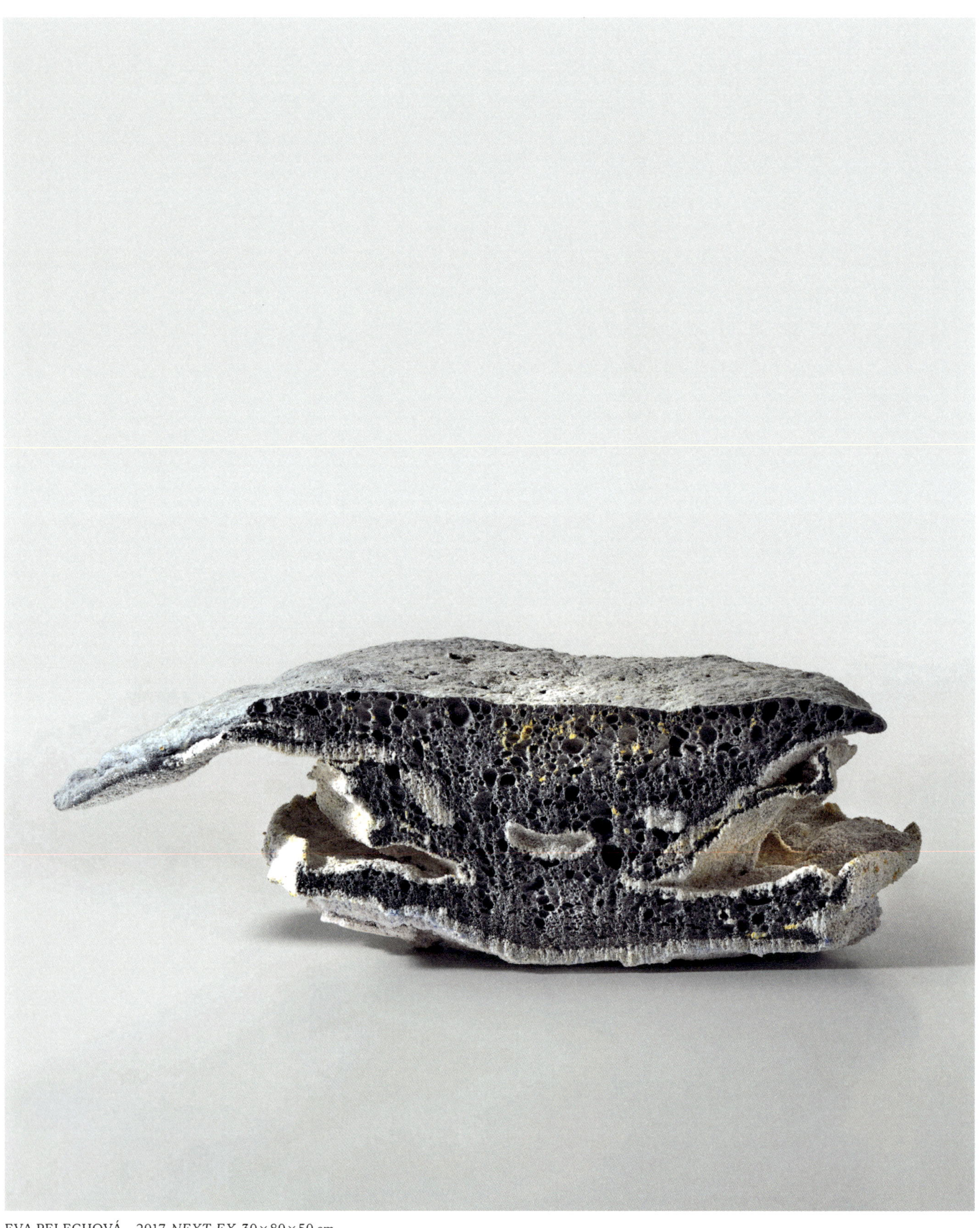

EVA PELECHOVÁ _ 2017, *NEXT-EX*, 30×80×50 cm

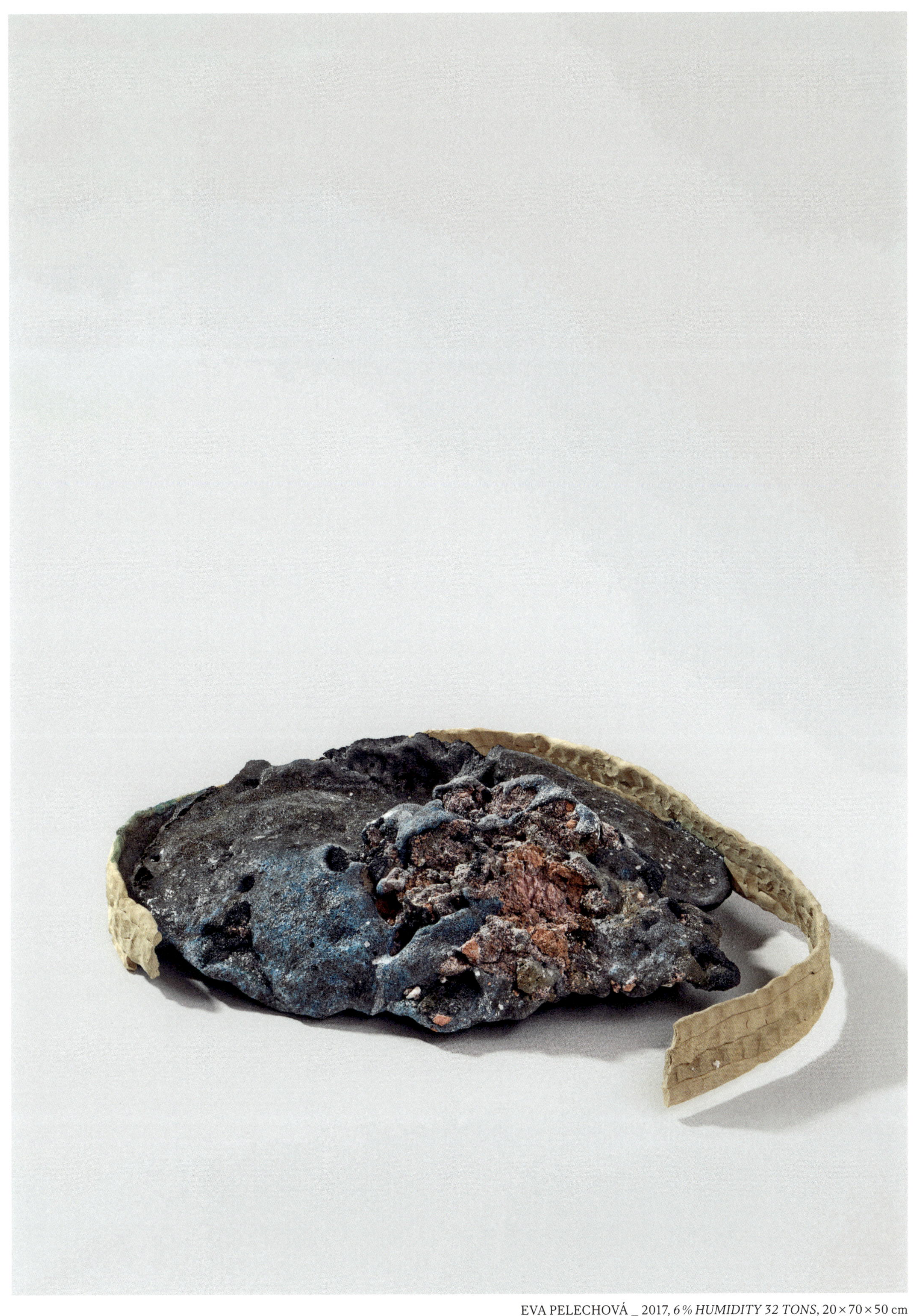

EVA PELECHOVÁ _ 2017, *6 % HUMIDITY 32 TONS*, 20 × 70 × 50 cm

Paolo Porelli

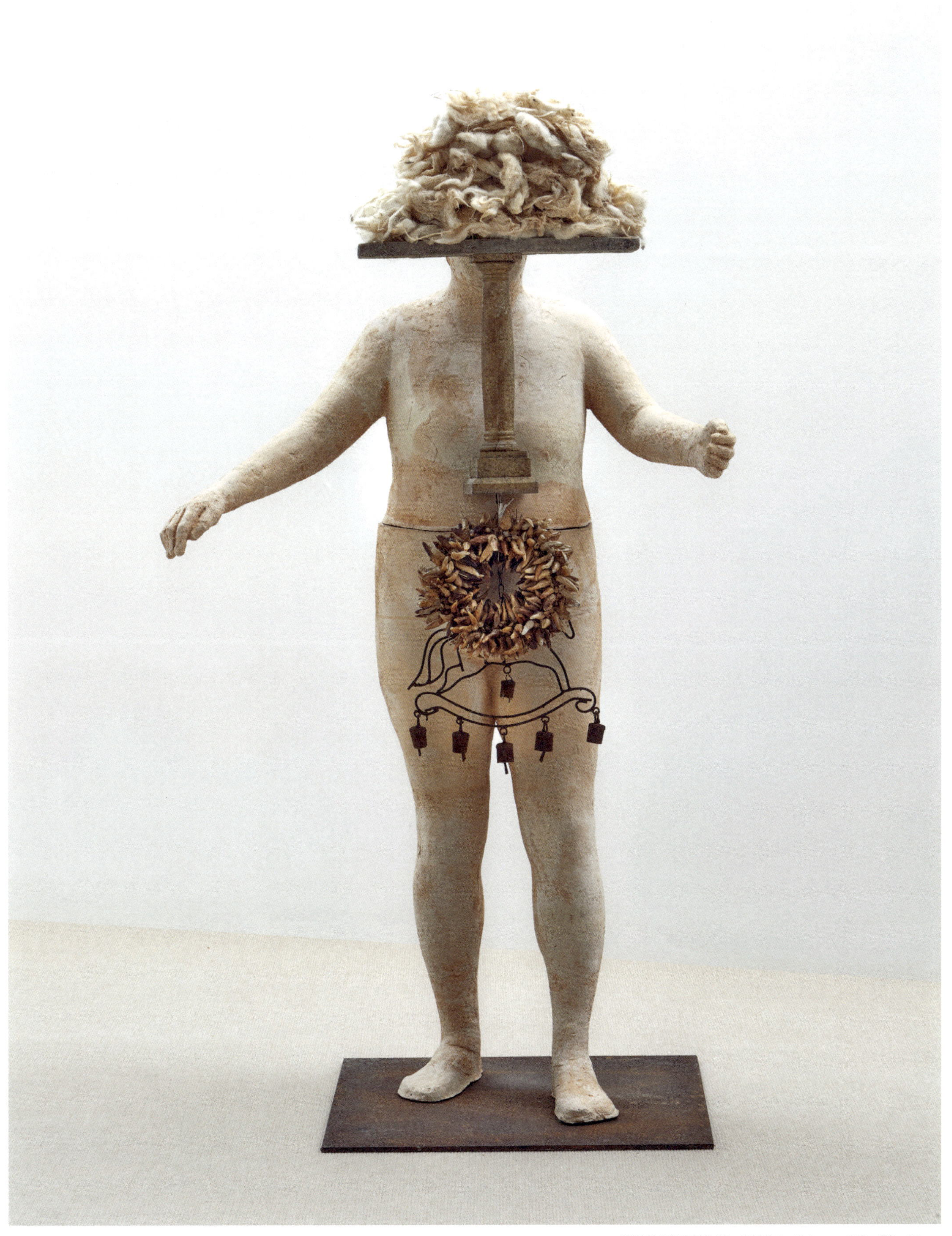

PAOLO PORELLI _ 2018, *La Primera*, 165 × 80 × 89 cm

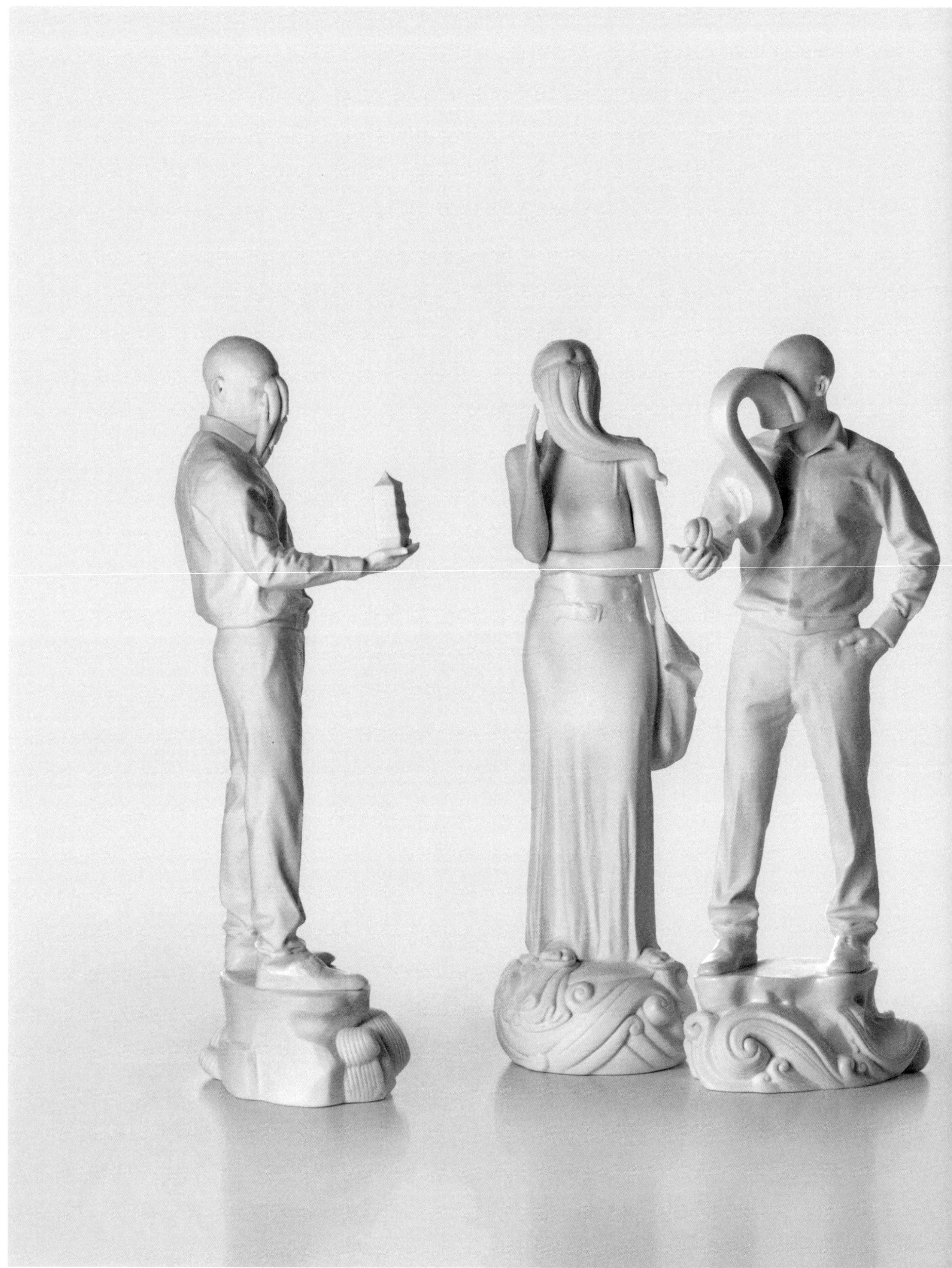

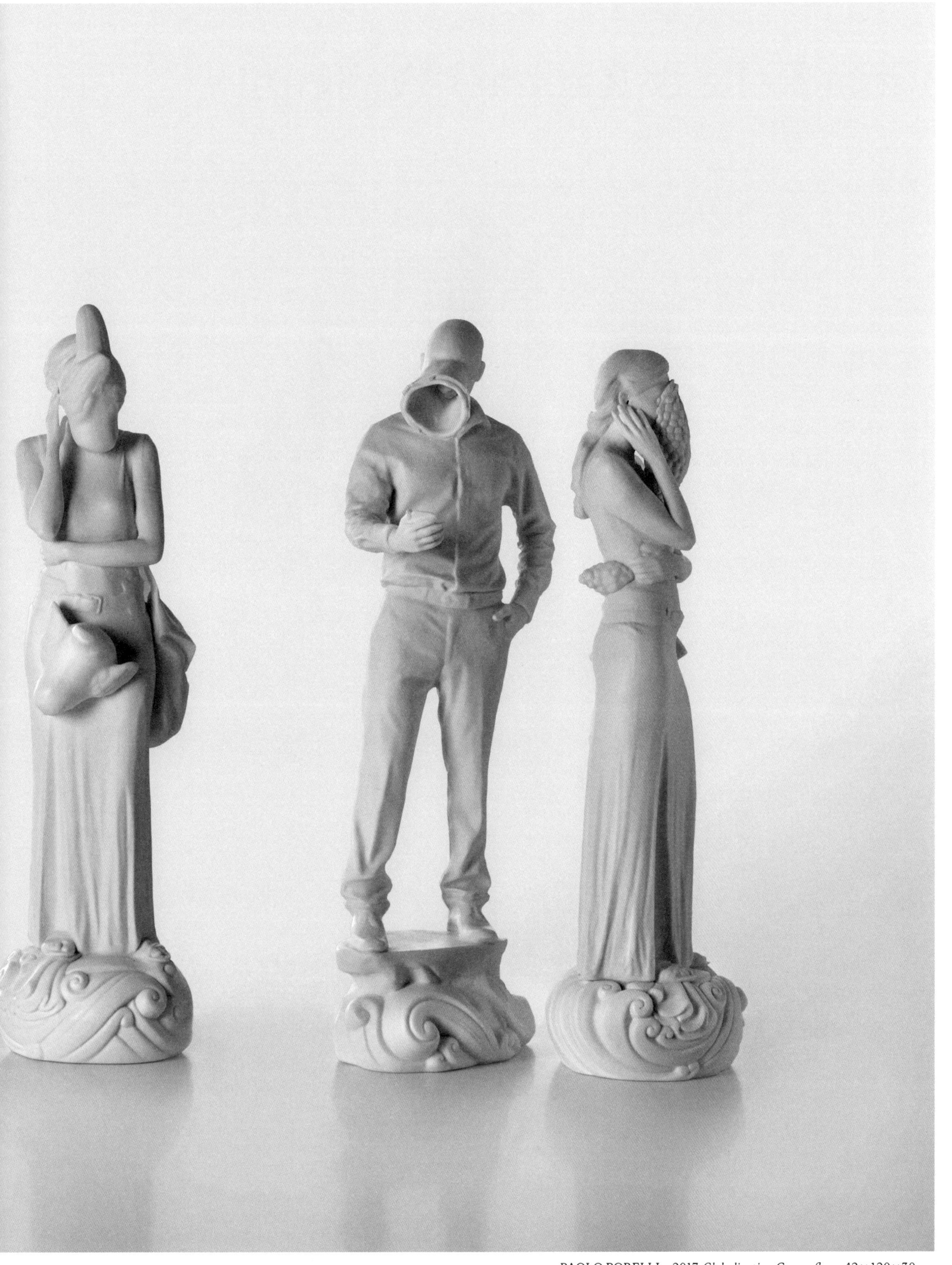

PAOLO PORELLI _ 2017, *Globalization Camouflage*, 42 × 120 × 30 cm

Viola Relle & Raphael Weilguni

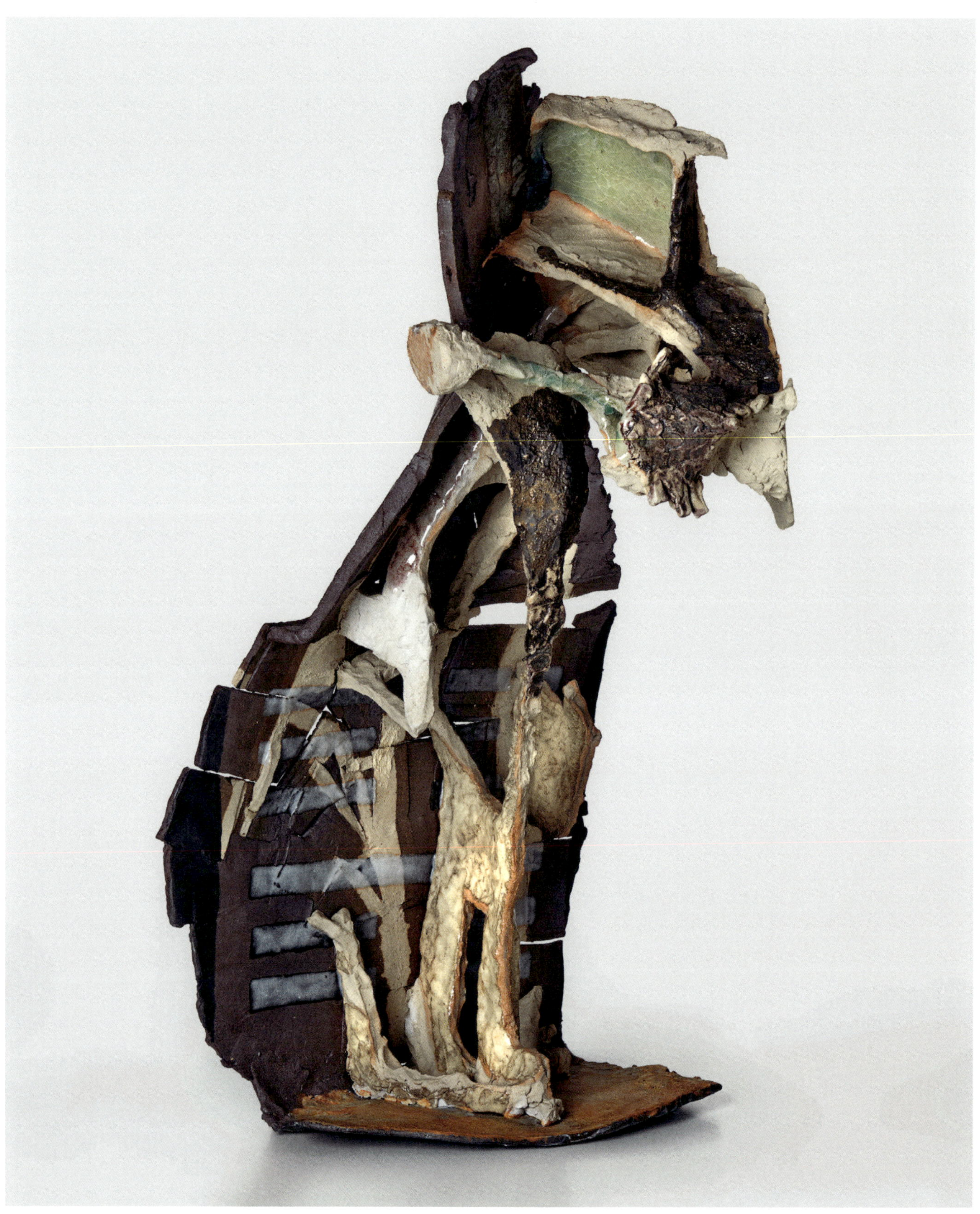

VIOLA RELLE & RAPHAEL WEILGUNI _ 2018, *Selber (influencer)*, 75 × 30 × 37 cm

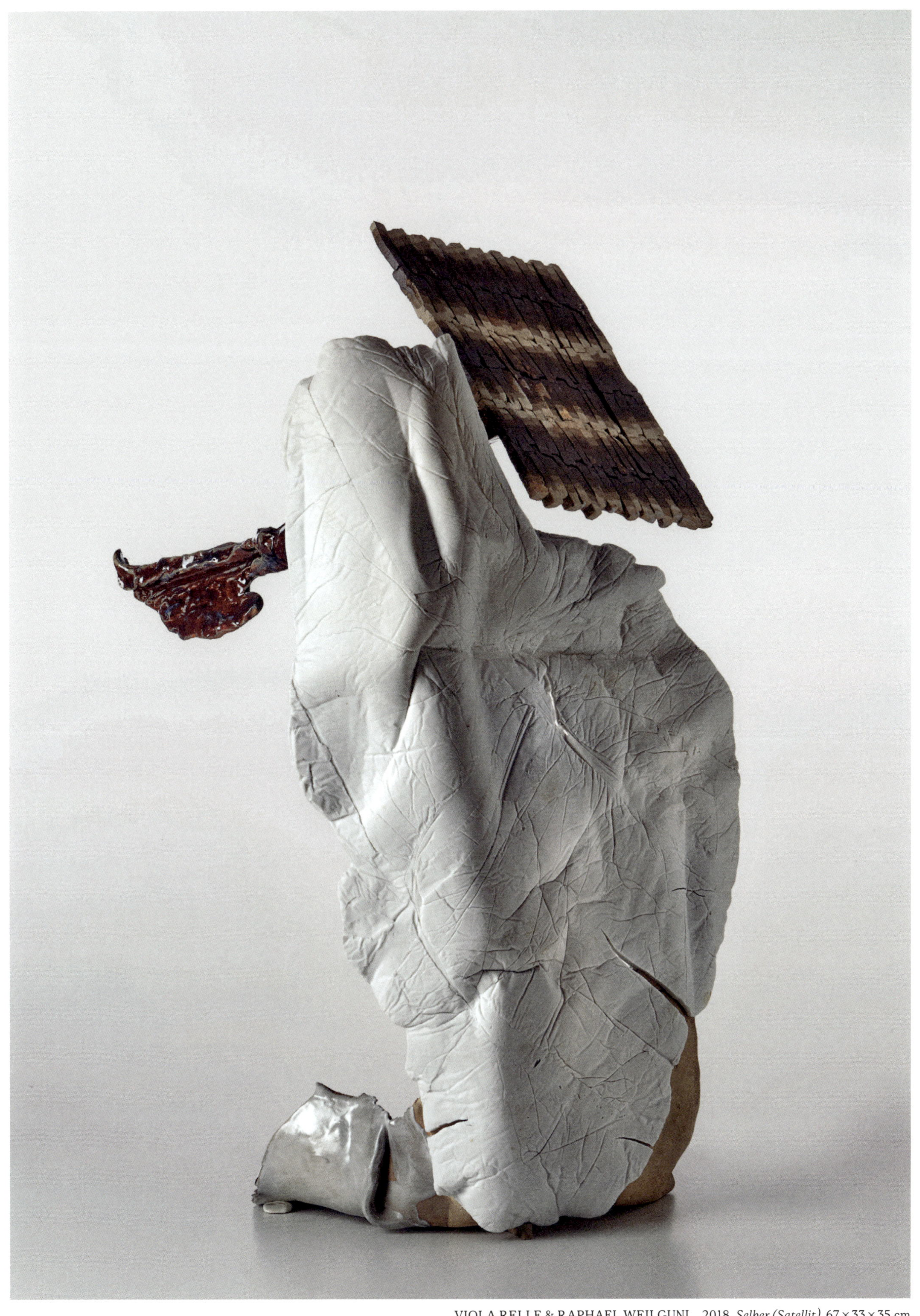

VIOLA RELLE & RAPHAEL WEILGUNI _ 2018, *Selber (Satellit)*, 67 × 33 × 35 cm

Hasan Şahbaz

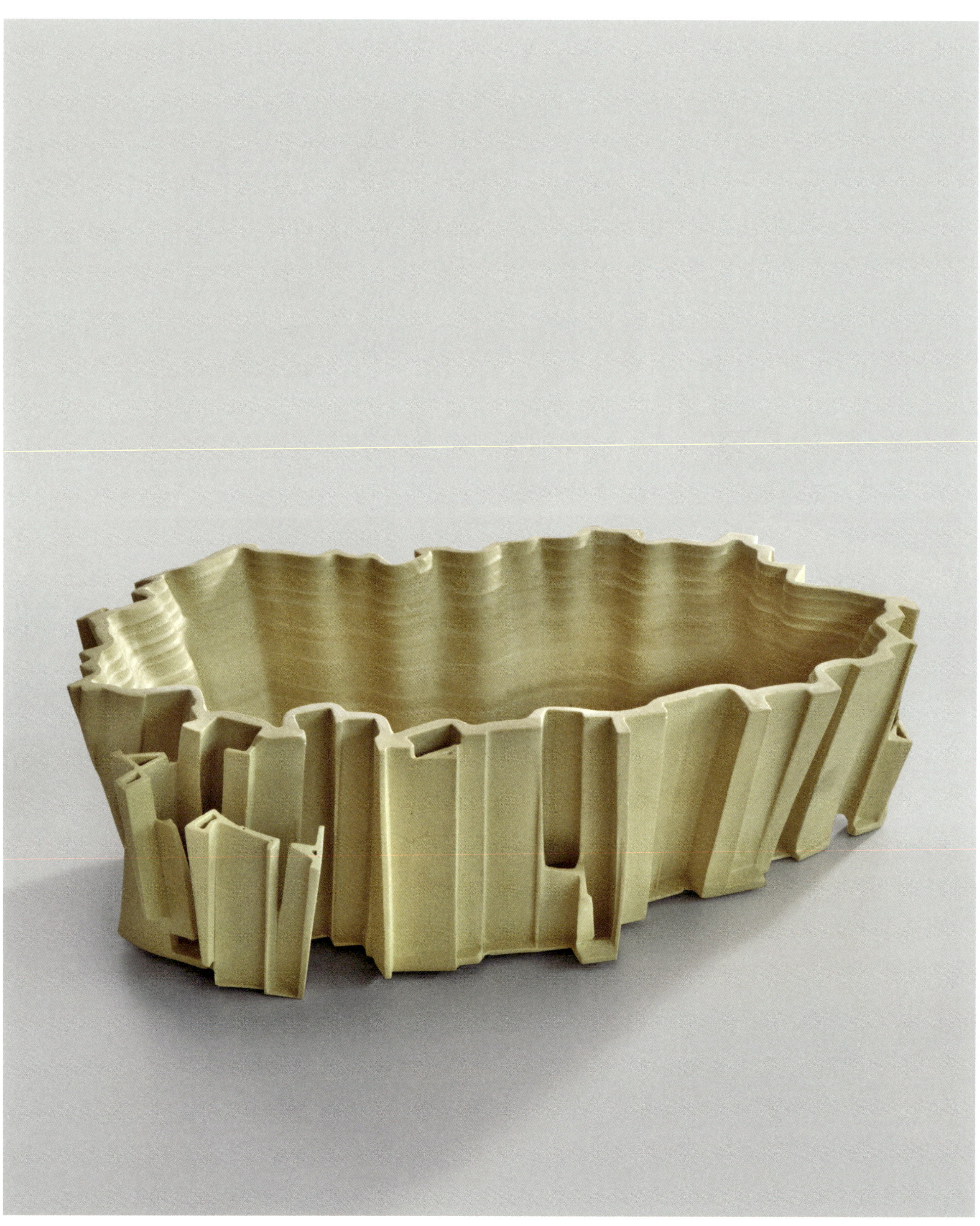

HASAN ŞAHBAZ _ 2019, *Topographical Bowl − 1*, 9 × 29,5 × 19 cm

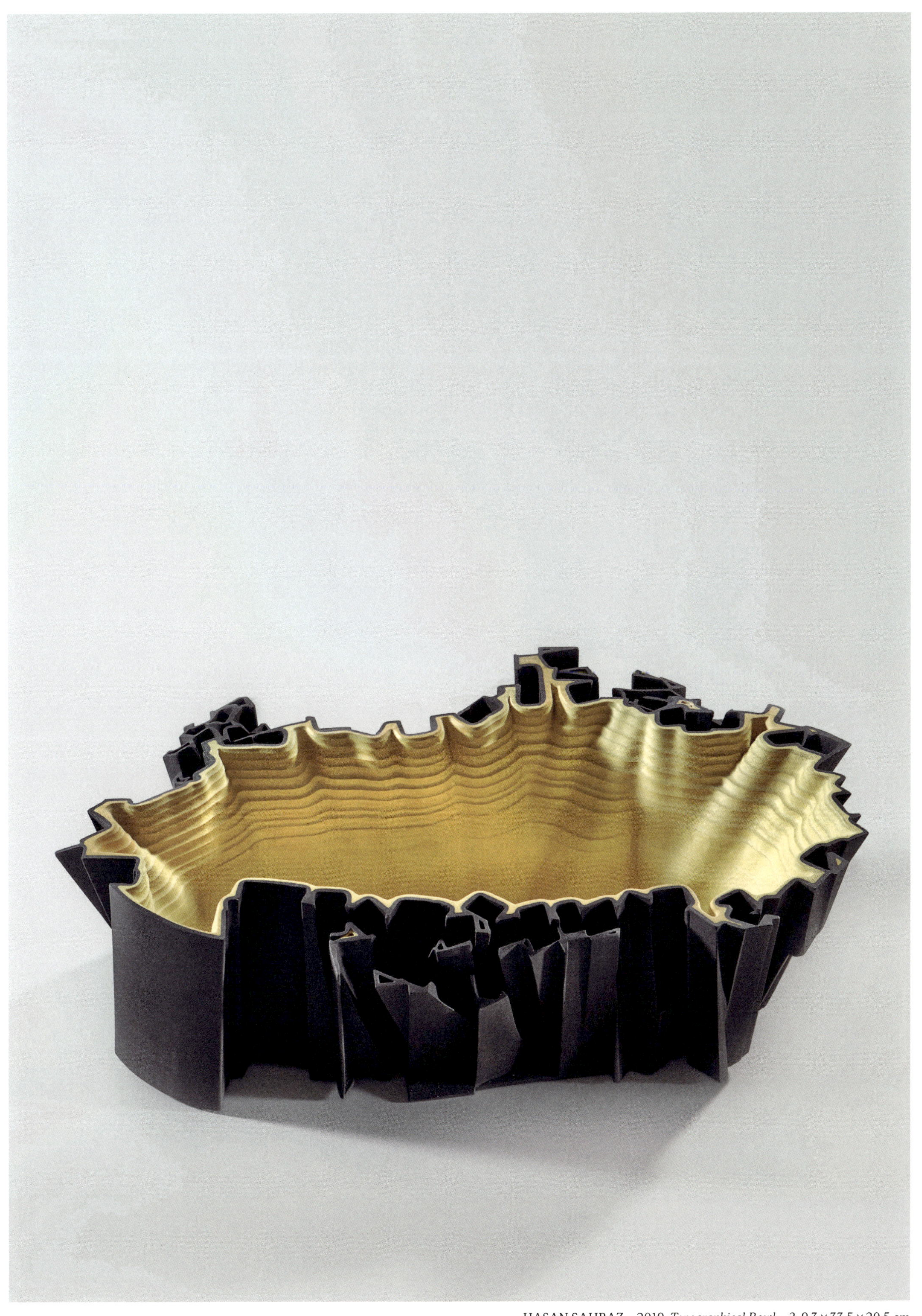

HASAN ŞAHBAZ _ 2019, *Topographical Bowl – 2*, 9,3 × 33,5 × 20,5 cm

Martin Schlotz

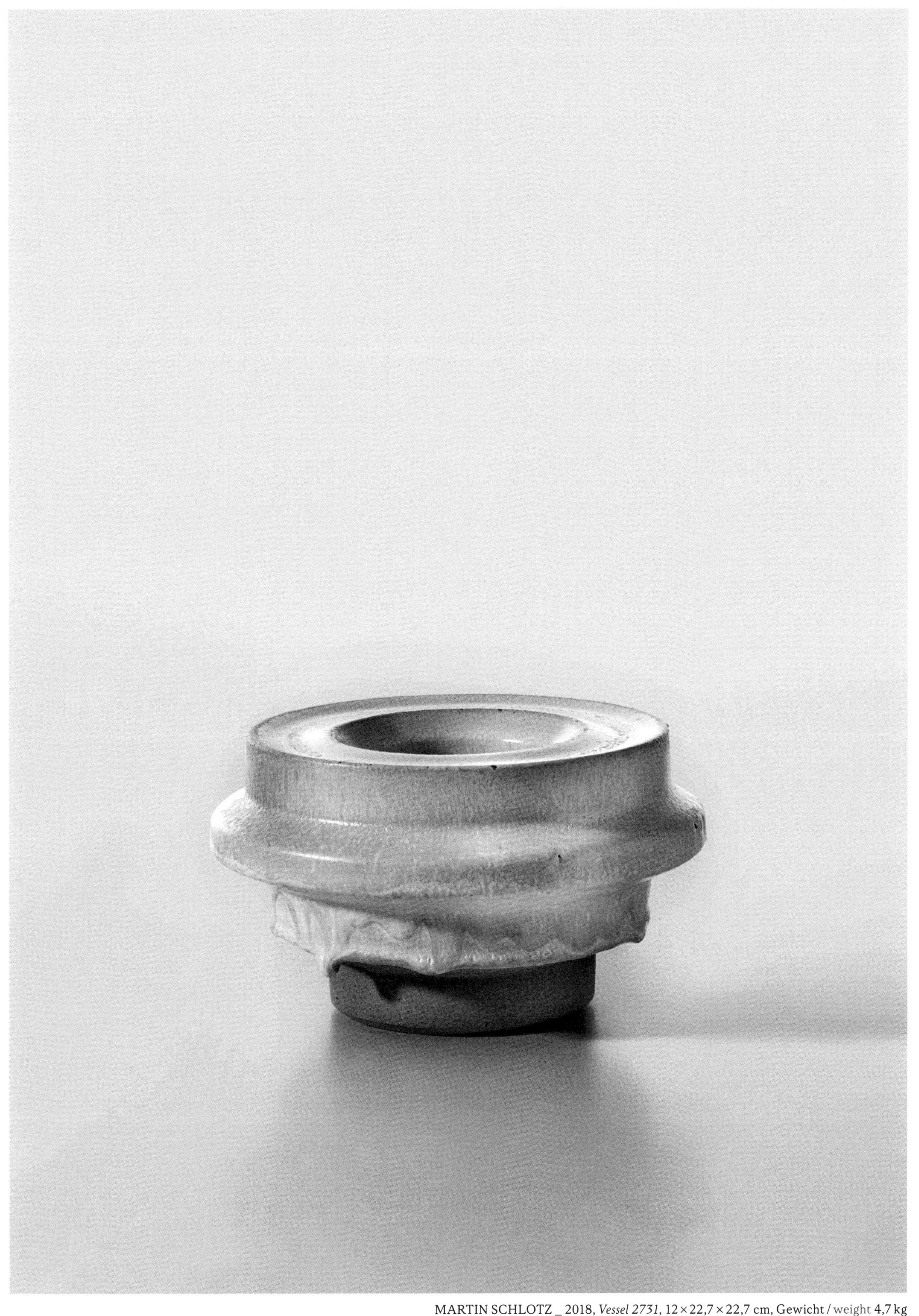

MARTIN SCHLOTZ _ 2018, *Vessel 2731*, 12 × 22,7 × 22,7 cm, Gewicht / weight 4,7 kg

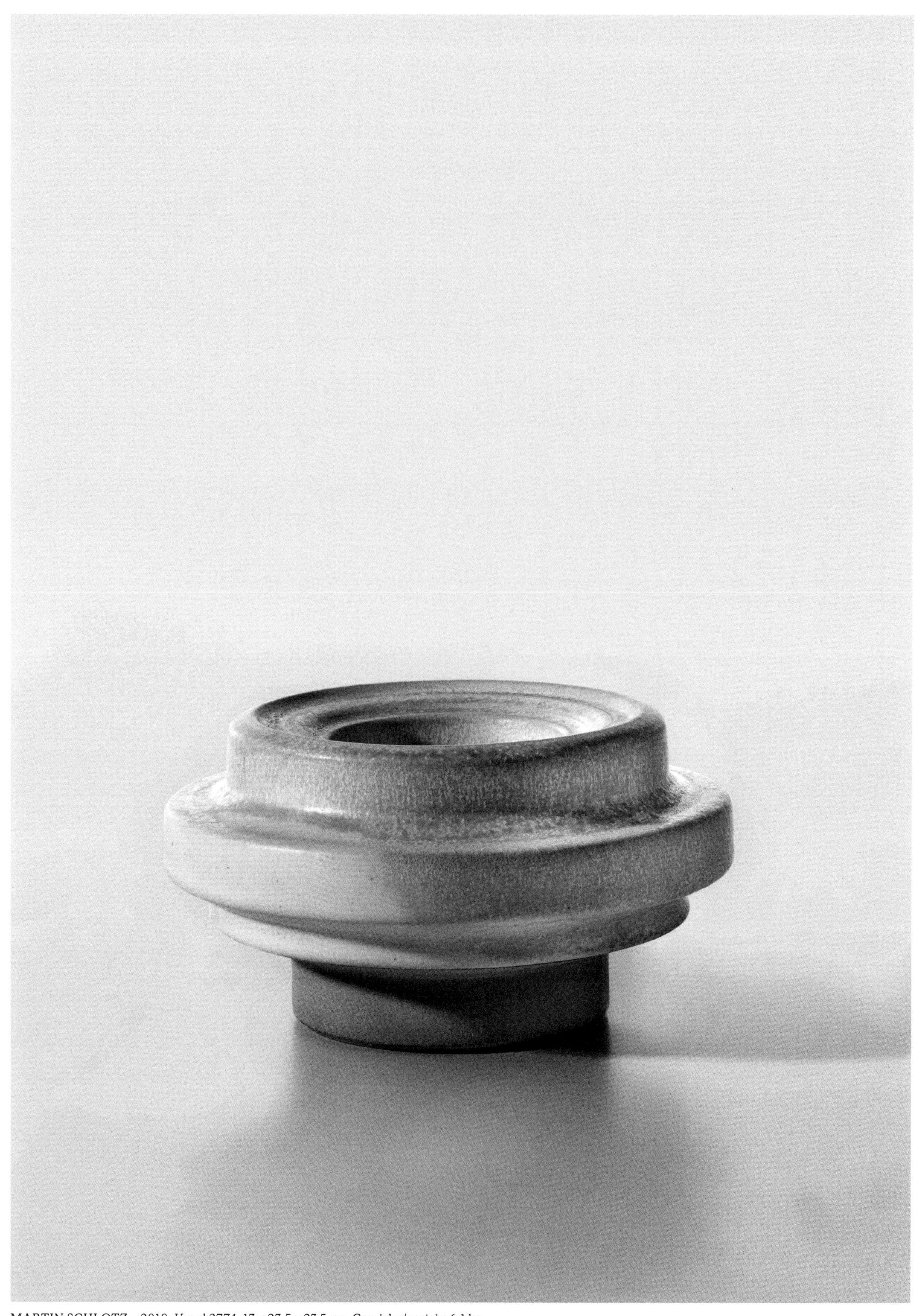

MARTIN SCHLOTZ _ 2018, *Vessel 2774*, 13 × 23,5 × 23,5 cm, Gewicht / weight 6,1 kg

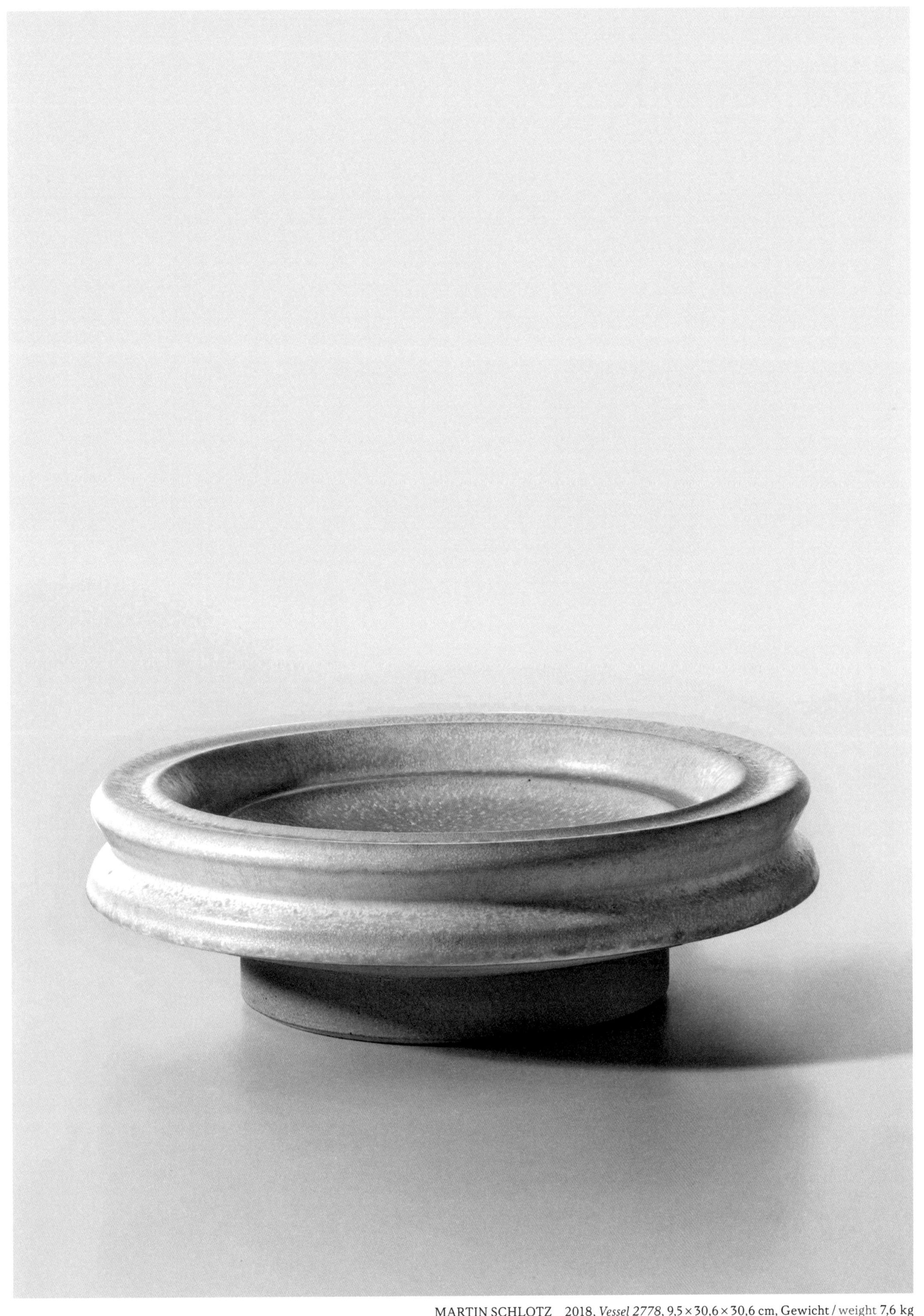

MARTIN SCHLOTZ _ 2018, *Vessel 2778*, 9,5 × 30,6 × 30,6 cm, Gewicht / weight 7,6 kg

Guido Sengle

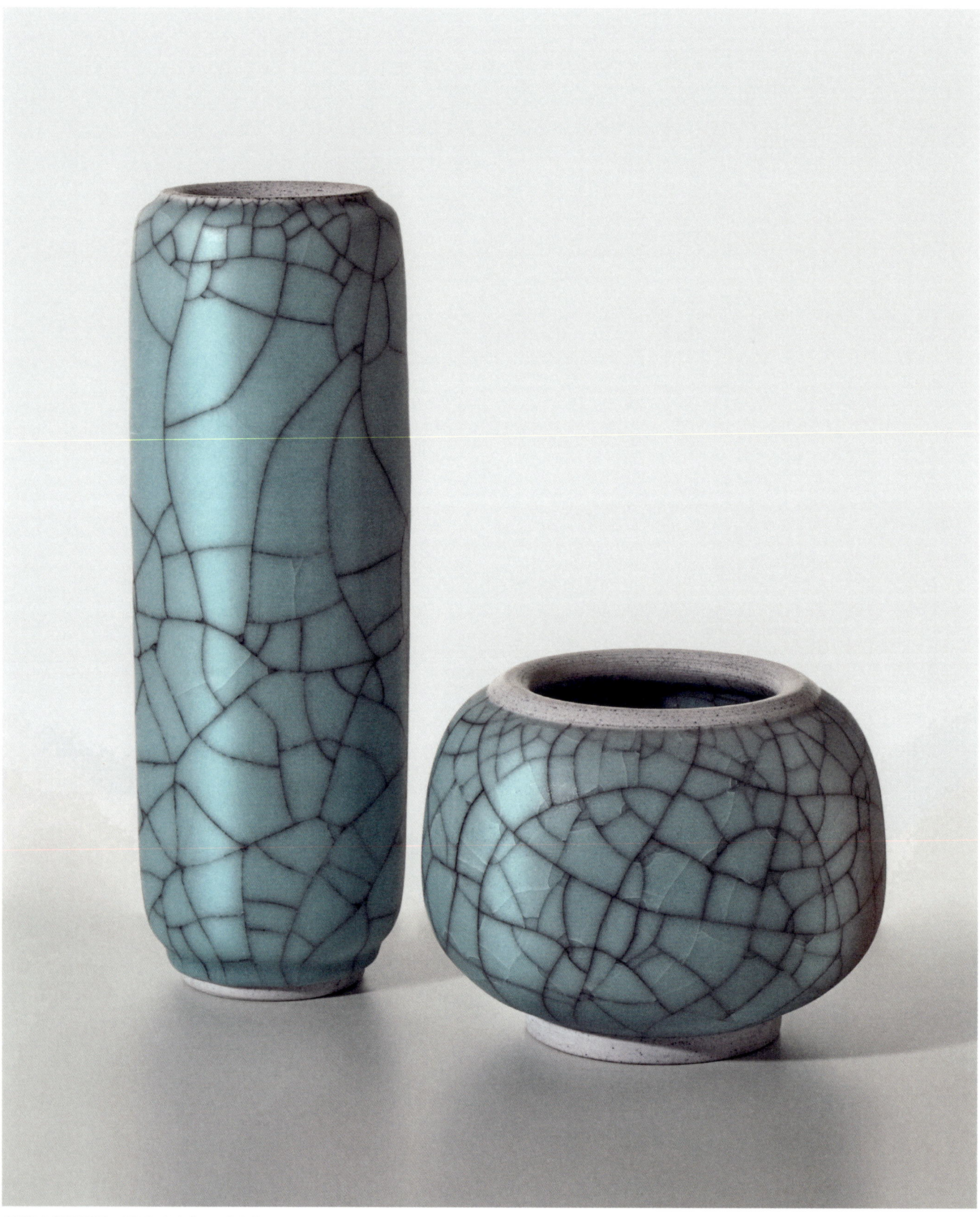

GUIDO SENGLE _ 2018, *Gefäßpaar Seladon*, 37 × 21 × 21 cm, 16 × 20 × 20 cm

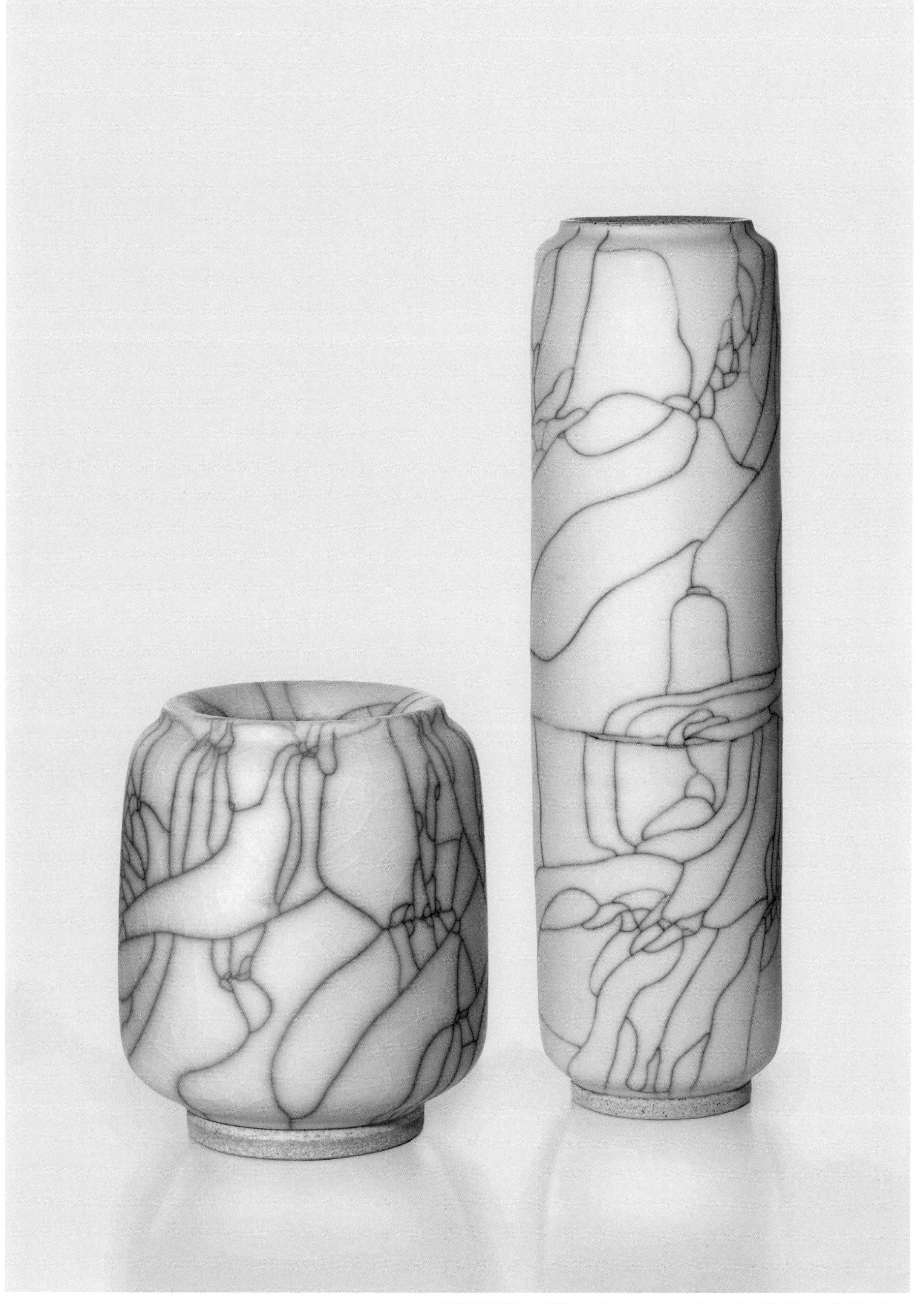

GUIDO SENGLE _ 2018, *Gefäßpaar – schwarz Crack*, 23 × 19 × 19 cm, 47 × 18 × 18 cm

Mirjam Veldhuis

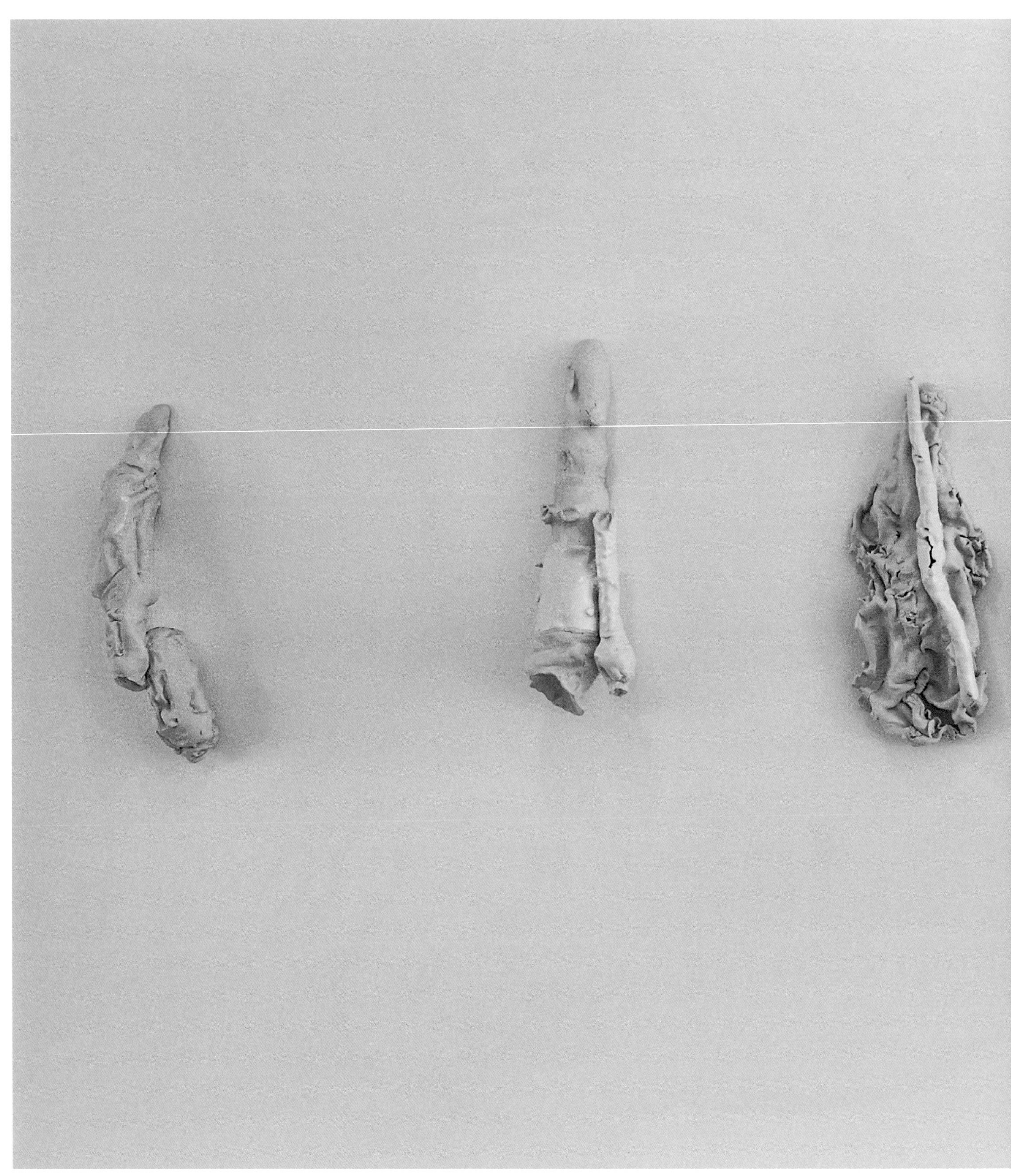

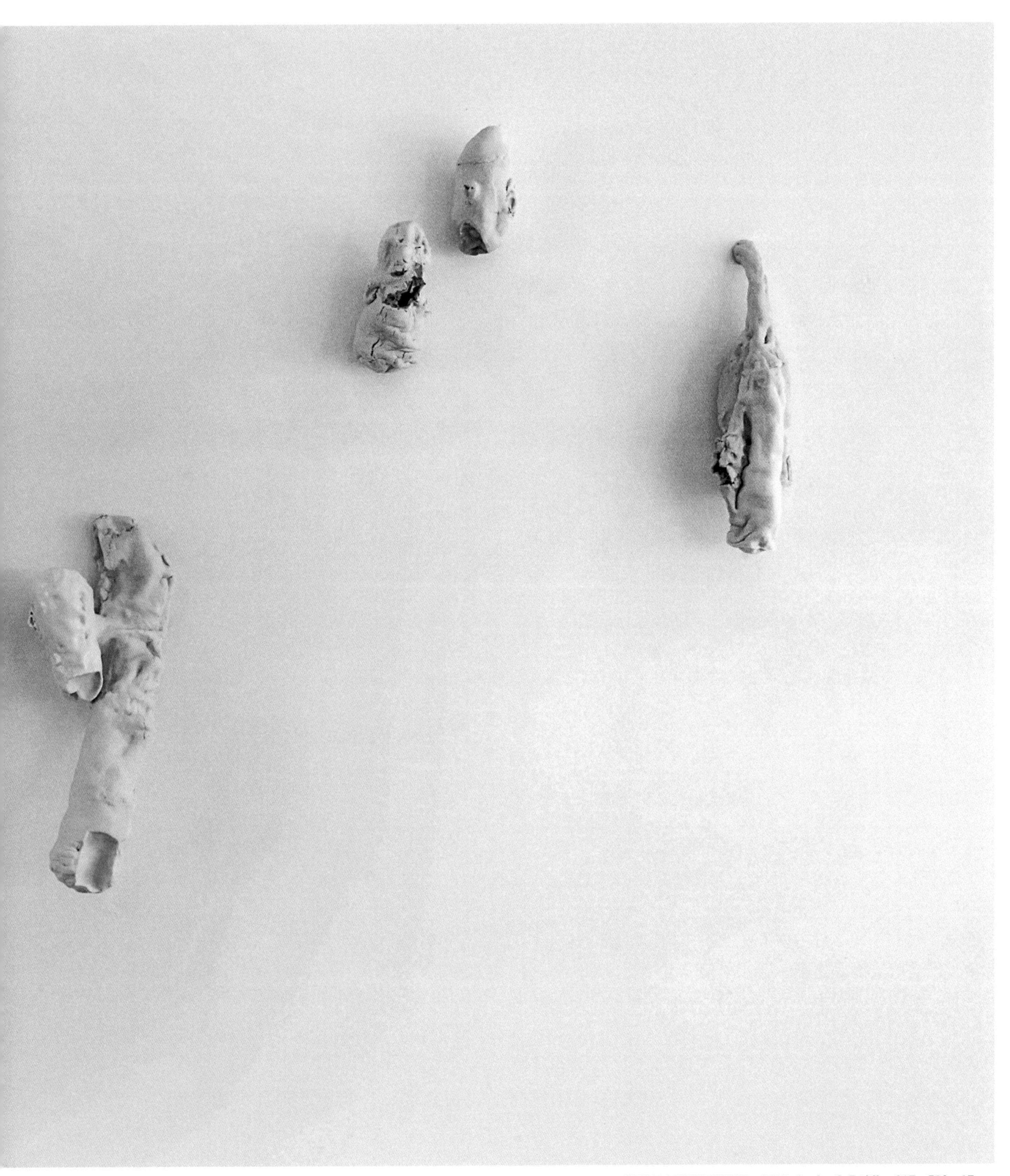

MIRJAM VELDHUIS _ 2017, *Coplas & Riddles*, 217 × 310 × 17 cm

Horácio Venturin

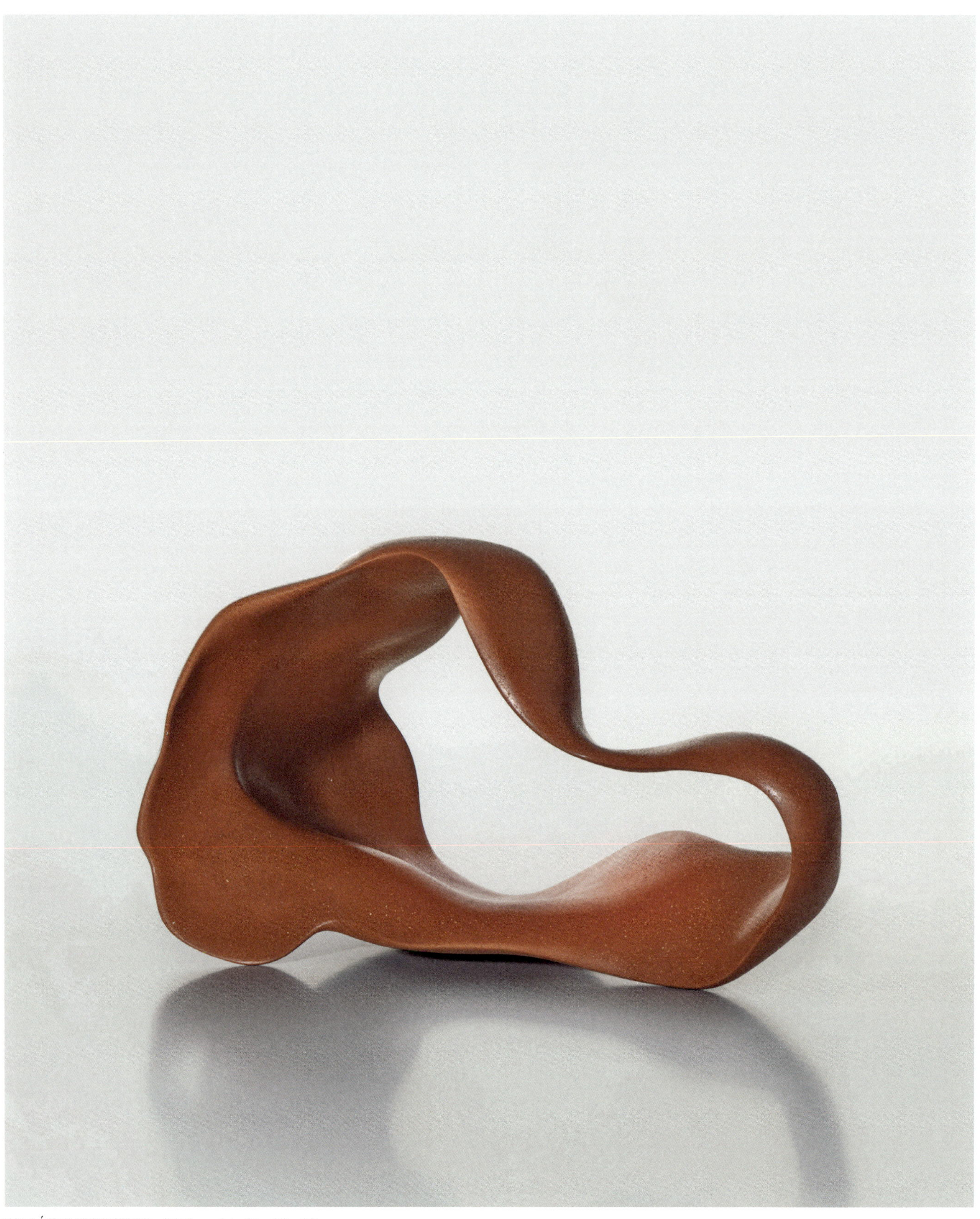

HORÁCIO VENTURIN _ 2017, *no title*, 36 × 20 × 20 cm

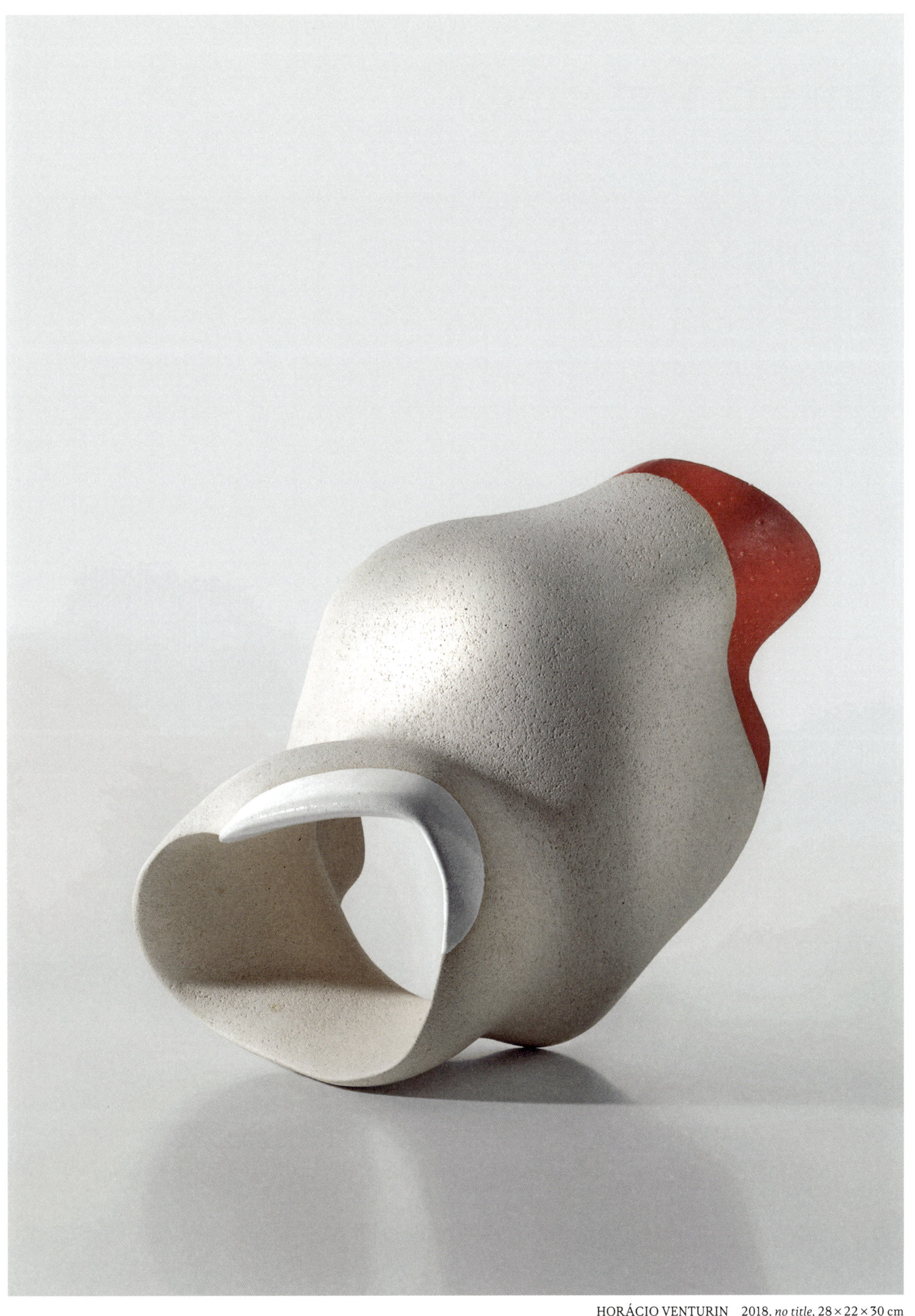

HORÁCIO VENTURIN _ 2018, *no title*, 28 × 22 × 30 cm

Han van Wetering

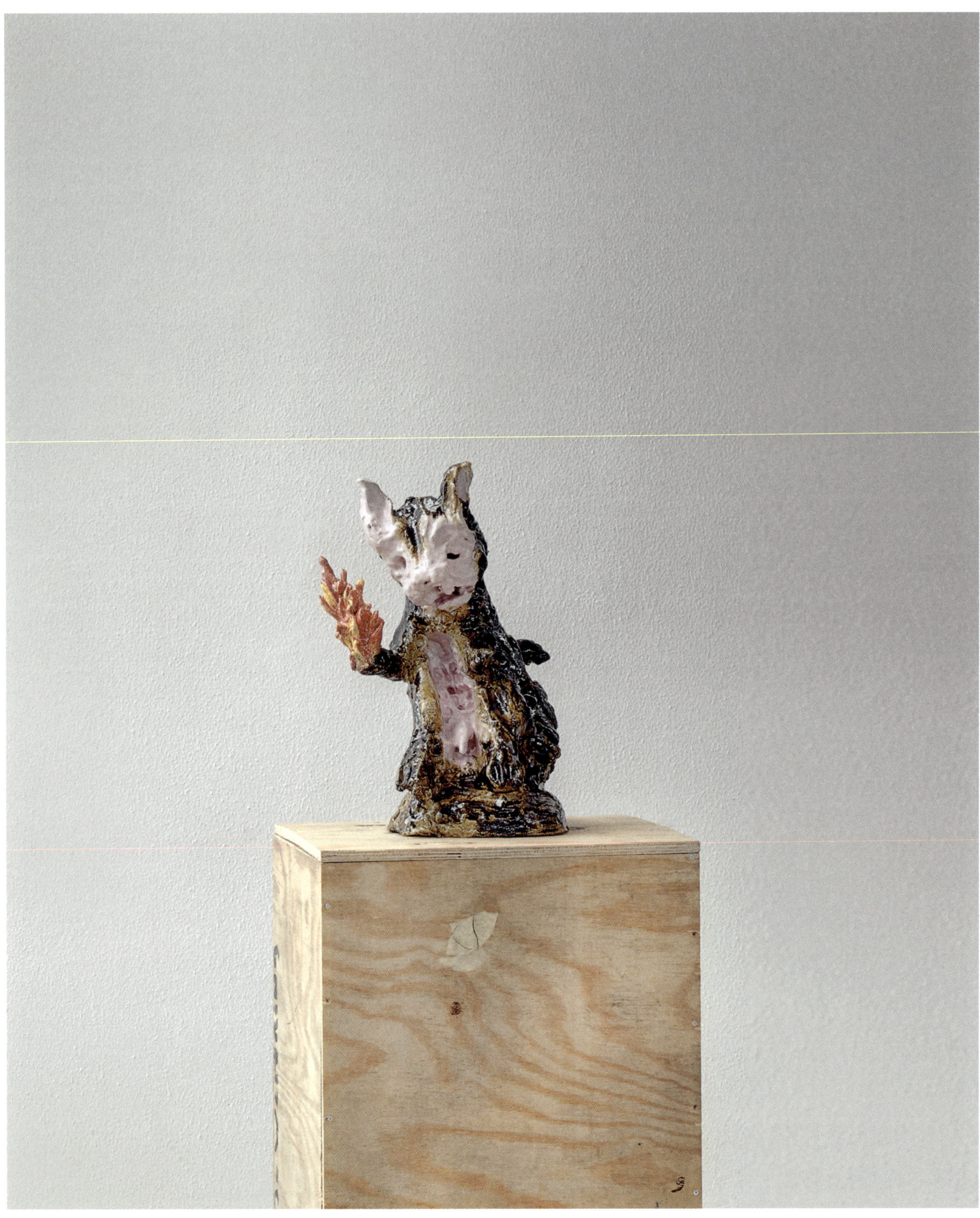

HAN VAN WETERING _ 2016, *Godot*, 62 × 36 × 45 cm. Leihgabe / loan Bonnefantenmuseum Maastricht

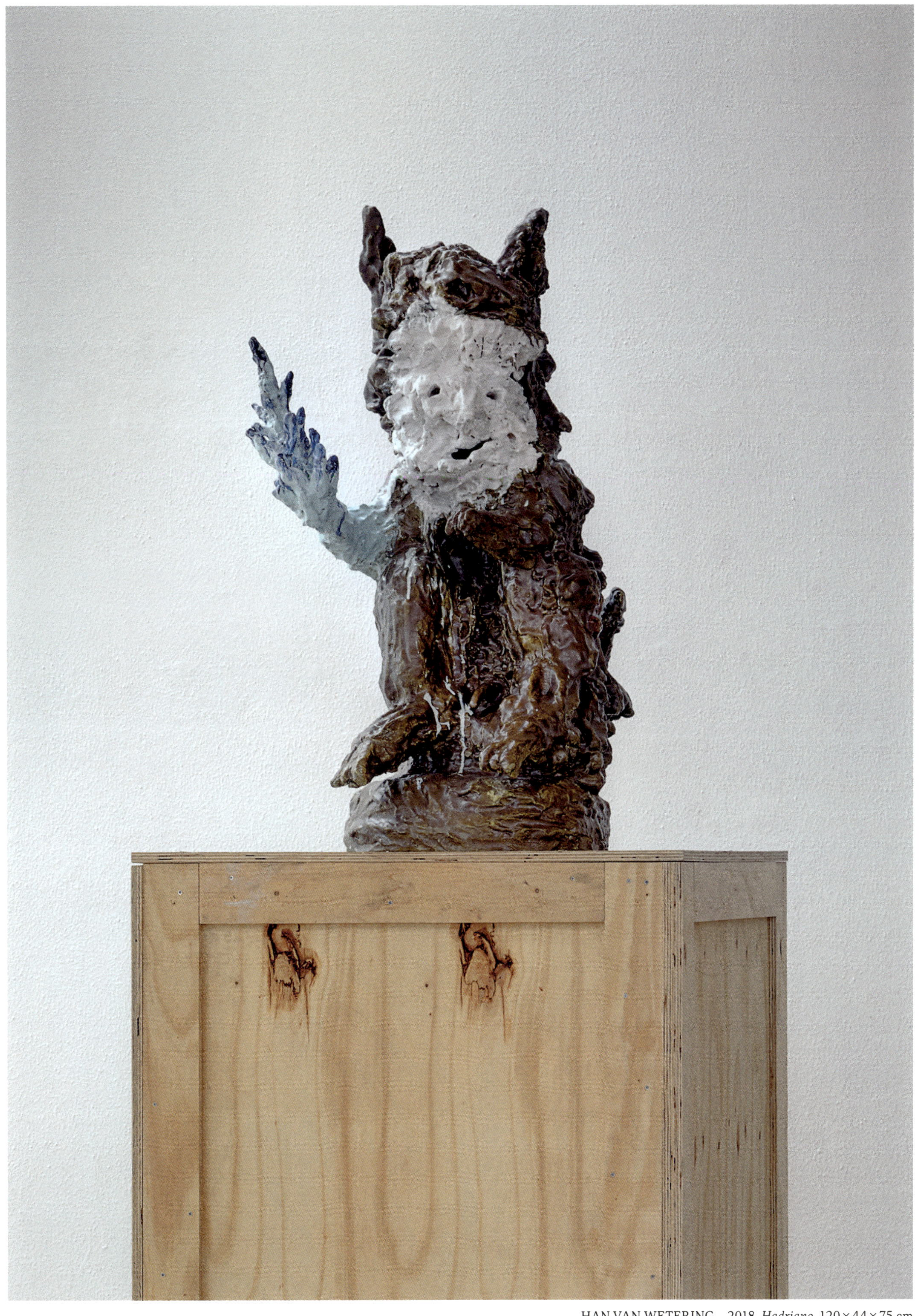

HAN VAN WETERING _ 2018, *Hadriano*, 120×44×75 cm

Carolin Wachter

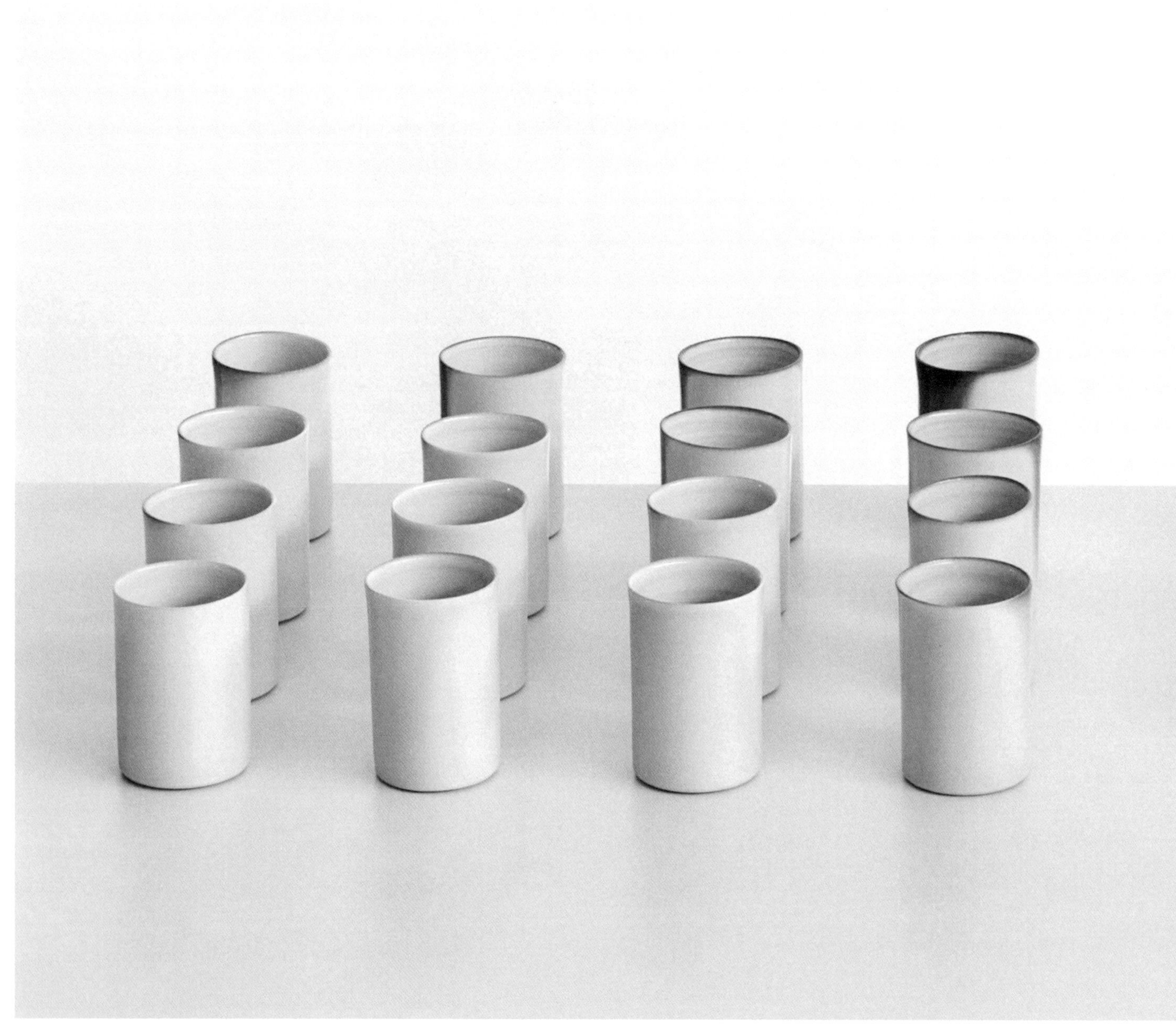

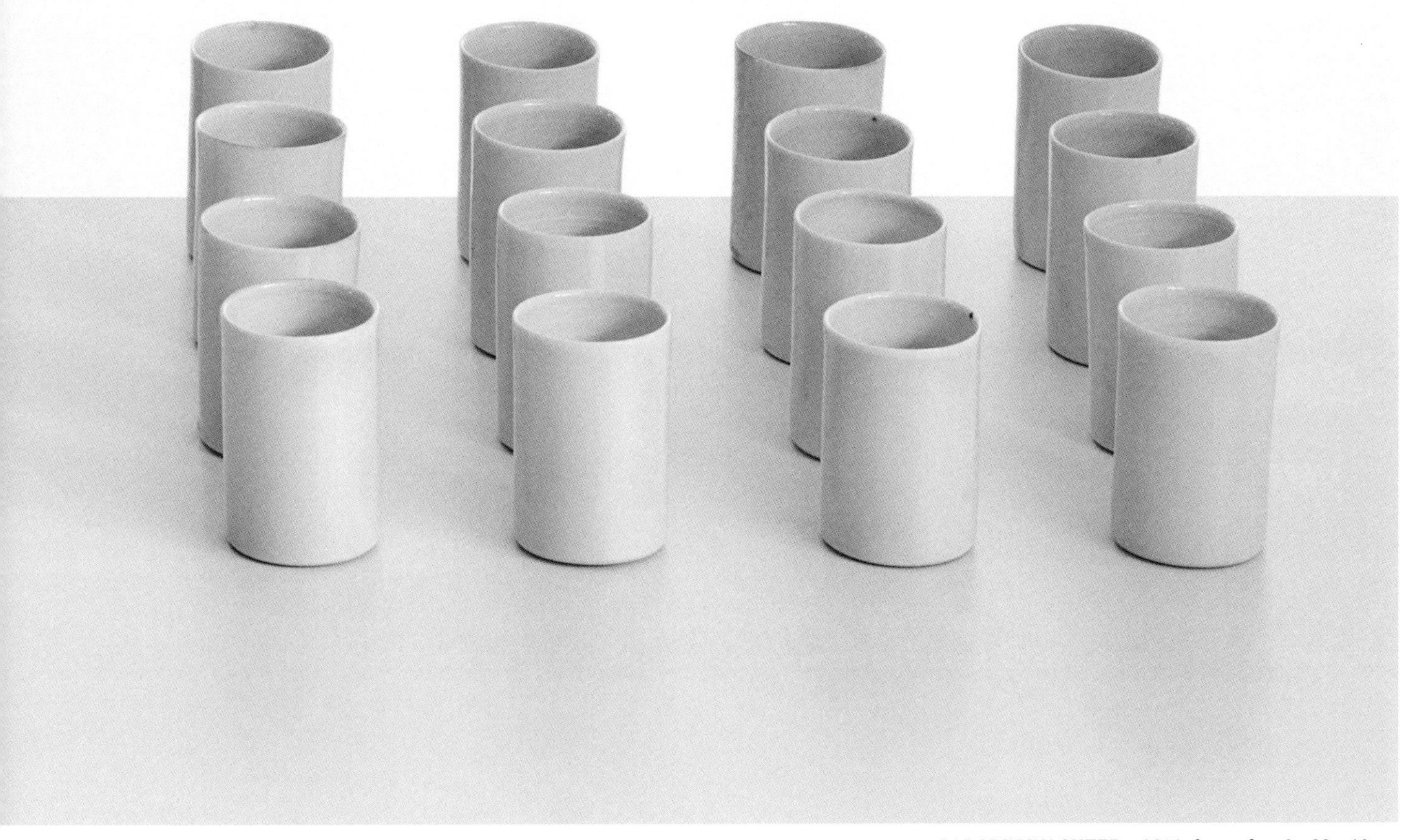

CAROLIN WACHTER _ 2016, *face to face*, 8 × 92 × 40 cm

Der Preis hat zum Ziel, auf die künstlerischen Möglichkeiten hinzuweisen, die in der Verwendung der Salzbrandtechnik liegen und zu neuen Ausdrucksformen führen können.
In diesem Sinne hat die Jury sich entschieden, den Preis der Stadt Höhr-Grenzhausen in der Kategorie Salzbrand gleichwertig an zwei Künstler, an Monika Debus und an Franz Julien, zu vergeben. Beide setzen die Salzbrandtechnik auf eine subtile, hintergründig wirkende Weise ein.

Monika Debus, bekannt für ihre Gefäßkeramiken mit großen breiten Pinselstrichen, tritt mit stark körperlich aufgebauten Gefäßkörpern in Erscheinung. Die matte Oberfläche mit ihrer zarten, kleinteiligen Pinselbemalung, mit sich ornamenthaft wiederholenden Formen und Musterschichten erhält im Brand leichte Anflüge von Salz, die die Farben verändern und neu modulieren. Die Jury überzeugt der plastische Auftritt der Körper und die vom Salzbrand bestimmte Wirkung der Oberflächengestaltung.

Franz Julien ist für seine konzeptionell entwickelten Formen bekannt, die Bekanntes assoziieren und gleichzeitig die Frage nach Bedeutung oder Funktion stellen. Auf abstrakte Körper, Kuben, Kugeln oder geometrische Flächen, Kreis und Quadrat kann kein copyright erhoben werden, das ist seine Botschaft. Zwei Formgruppen variieren das Spiel mit diesen Grundformen und behaupten qua Titel Modelle für Bunker oder Panzer zu sein. Mit den keramischen Mitteln der Glasuren entstehen wolkig oder schaumig gestaltete Flächen, während die Farbgestaltung mit Naturtonfarben, weiß, grün oder rot mit signalhaften Akzenten spielt. Das finale, partiell glänzende Finish entsteht im Salzbrand, der Form und Konzept seinen Stempel aufdrückt.

The prize has the aim of showcasing the artistic possibilities which are used in the salt glaze technique and lead to new expressions of form. Therefore, the jury has decided to award the prize of the town of Höhr-Grenzhausen in the category of salt glaze equally to two artists, Monika Debus and Franz Julien. Both use salt glaze in a subtle and profound way.

Monika Debus, known for her ceramic vessels with broad brush strokes, showcases physically built-up vessels. The matt surface with its delicate detailed brushwork with its ornamental repeating forms and patterned layers, receives during firing gentle touches of salt, which change the colours and remodel them. The plastic appearance of the body and the surface design influenced by the salt glaze convinced the jury.

Franz Julien is known for his conceptionally developed forms, which associate known things and at the same time ask about meaning and function. No copyright can be given on abstract forms such as cubes, balls or geometric areas, circles and squares, is his message. Two form groups vary the play between these founding forms and purport to be, according to their labels, models for bunkers or tanks. With the ceramic possibilities of the glaze cloudy or foamy surfaces are created, while the colour scheme plays with signal-like accents of natural clay colours, white, green or red. The final, partially glistening finish is produced during the salt glaze, which marks the form and concept.

Dr. Sabine Runde

Salzbrand
Saltfired

*Preis der Stadt
Höhr-Grenzhausen
Prize of the Town of
Höhr-Grenzhausen*

PREISTRÄGERIN / PRIZE WINNER
Monika Debus

PREISTRÄGER / PRIZE WINNER
Franz Julien

Monika Debus

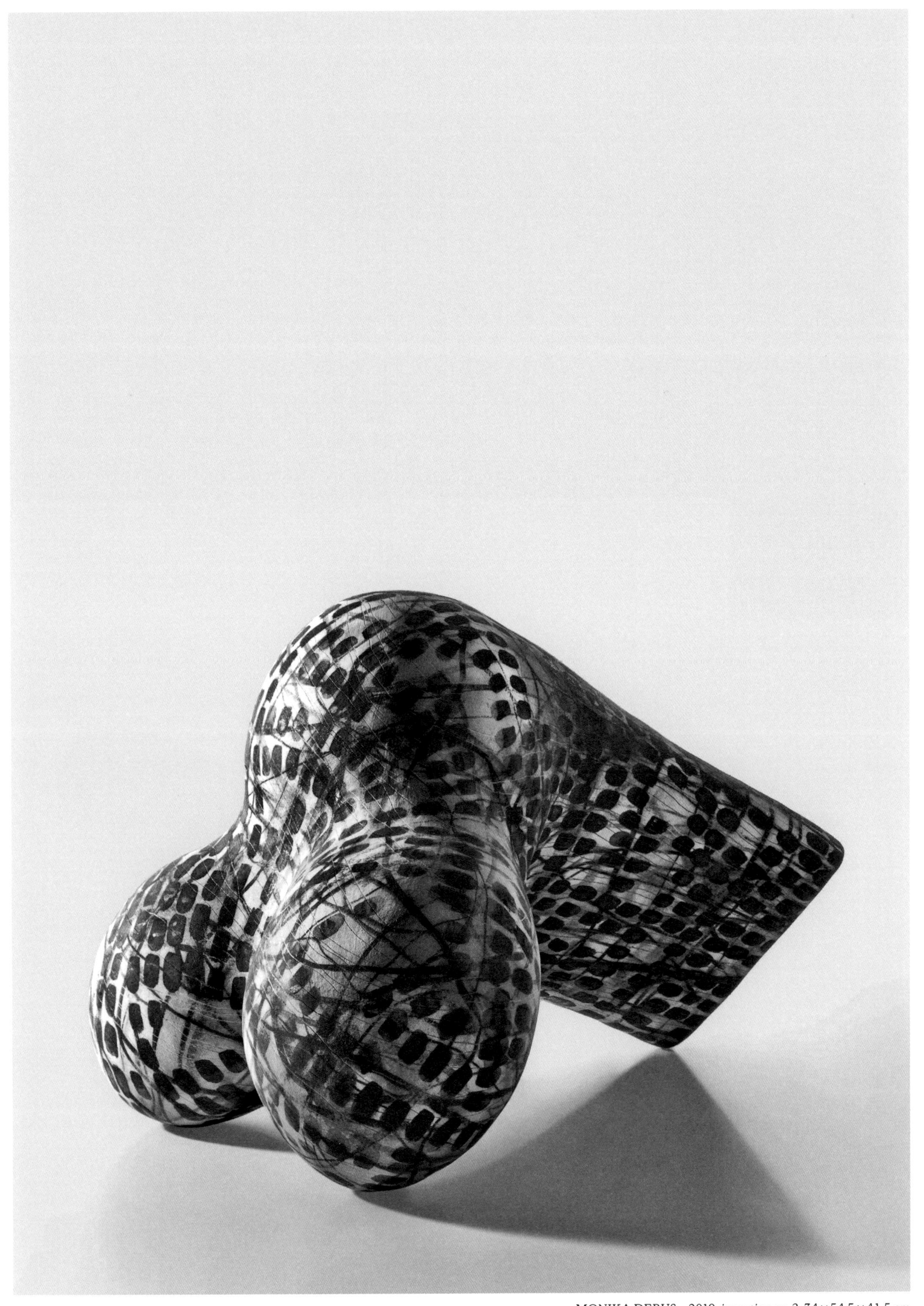

MONIKA DEBUS _ 2019, *invention no. 2*, 34 × 54,5 × 41,5 cm

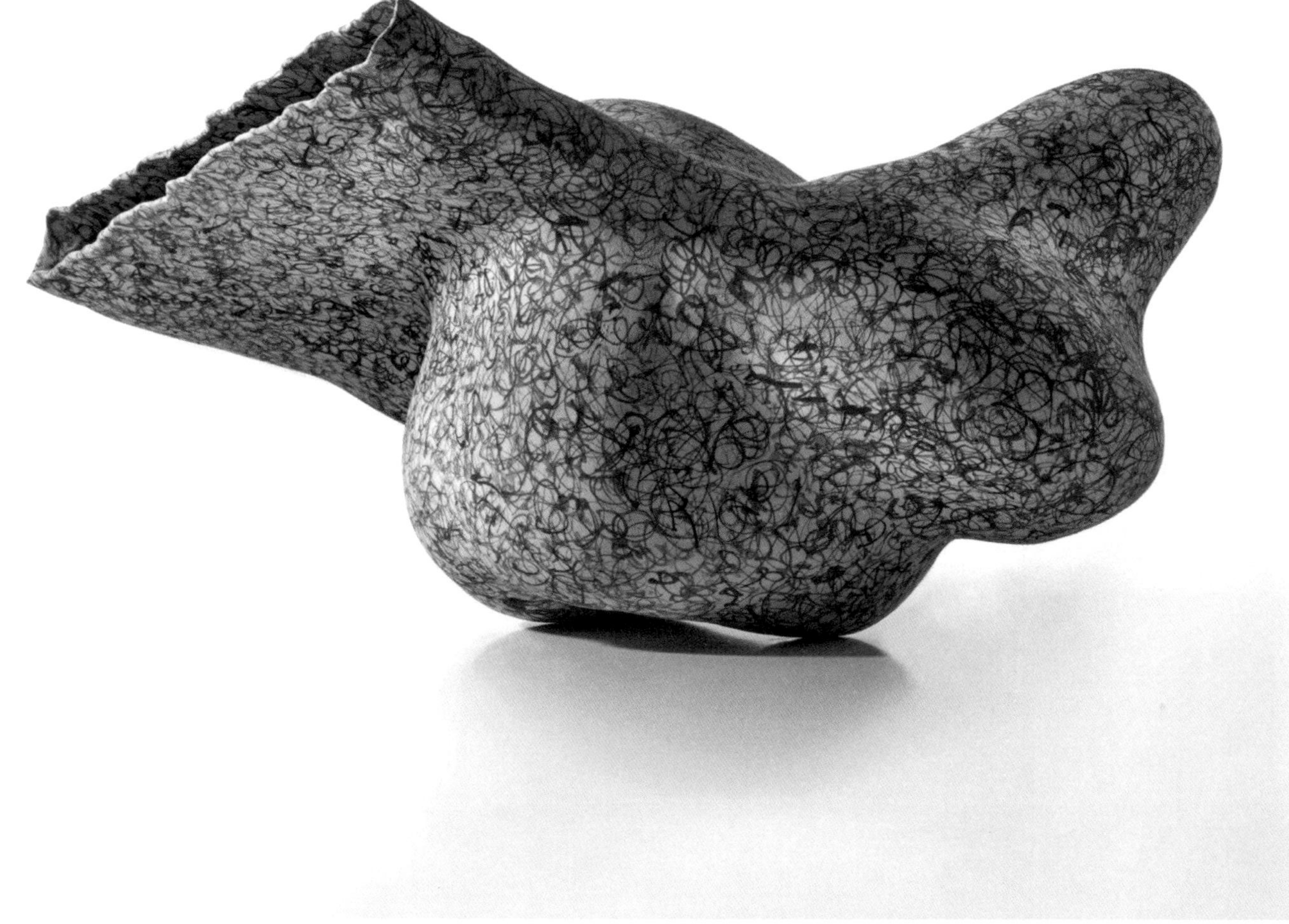

MONIKA DEBUS _ 2019, *invention no. 1*, 33 × 61 × 43 cm

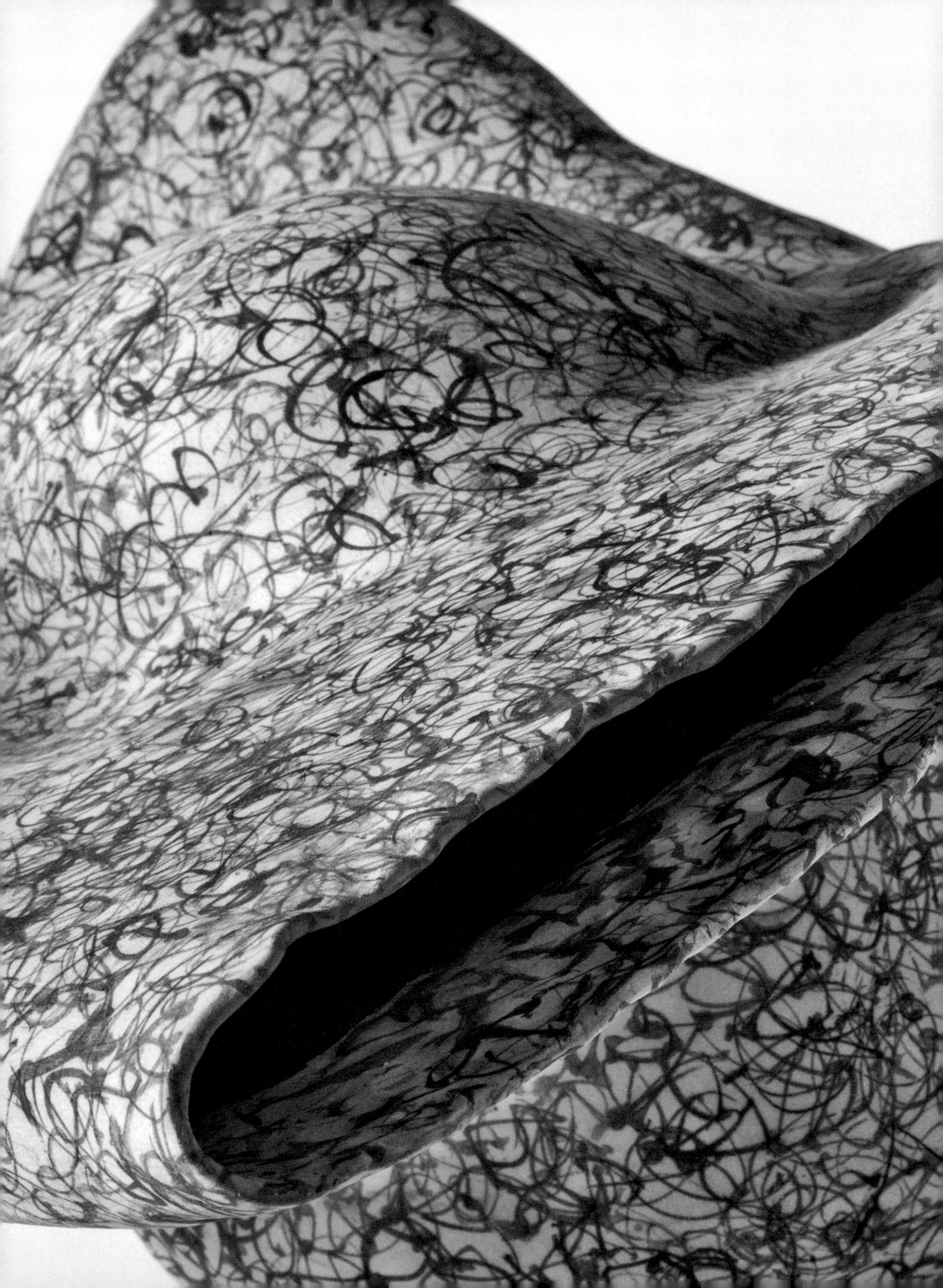

Franz Julien

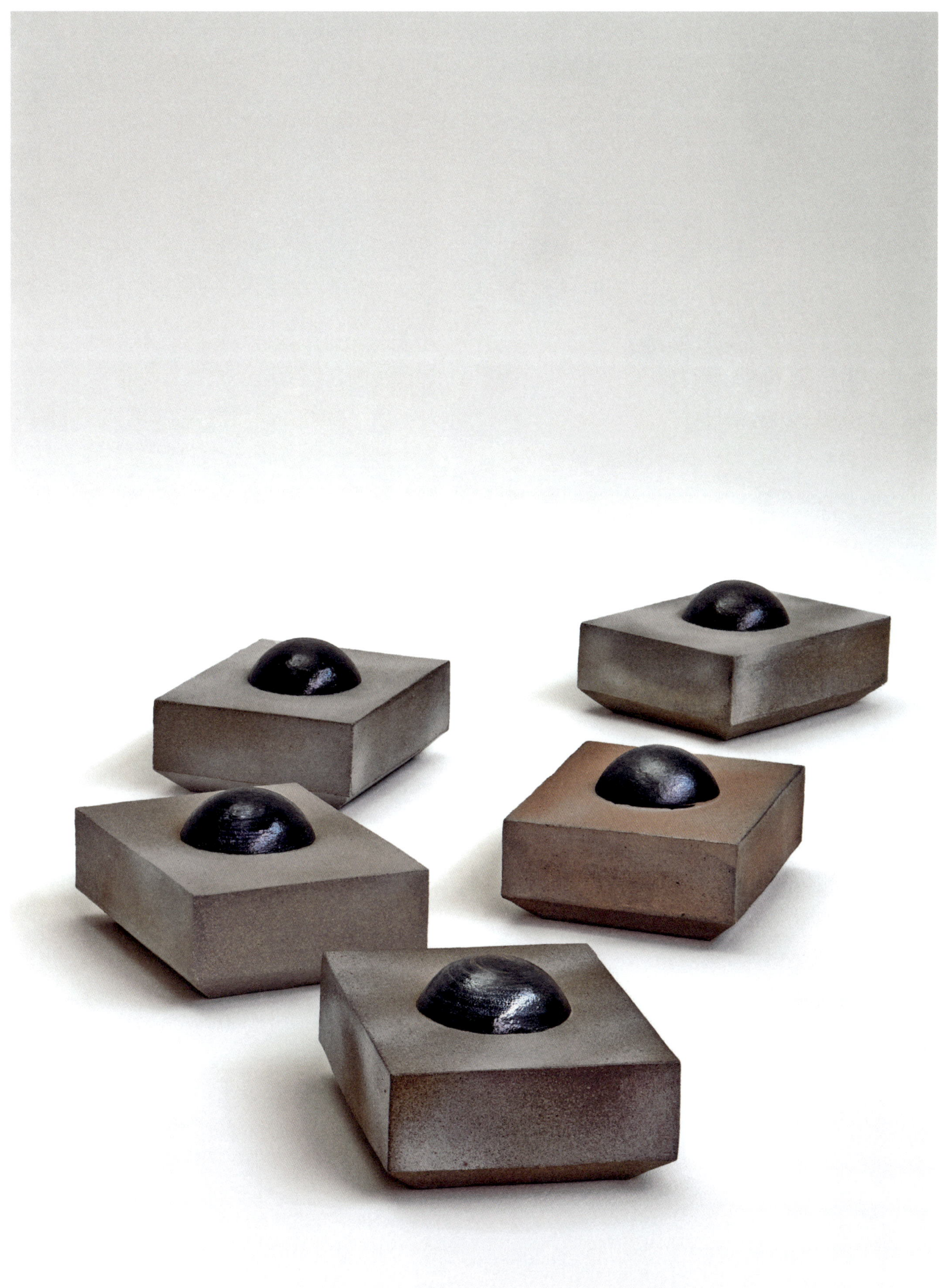

FRANZ JULIEN _ 2019, *Model: RoboTank*, je / each 15 × 27 × 21 cm

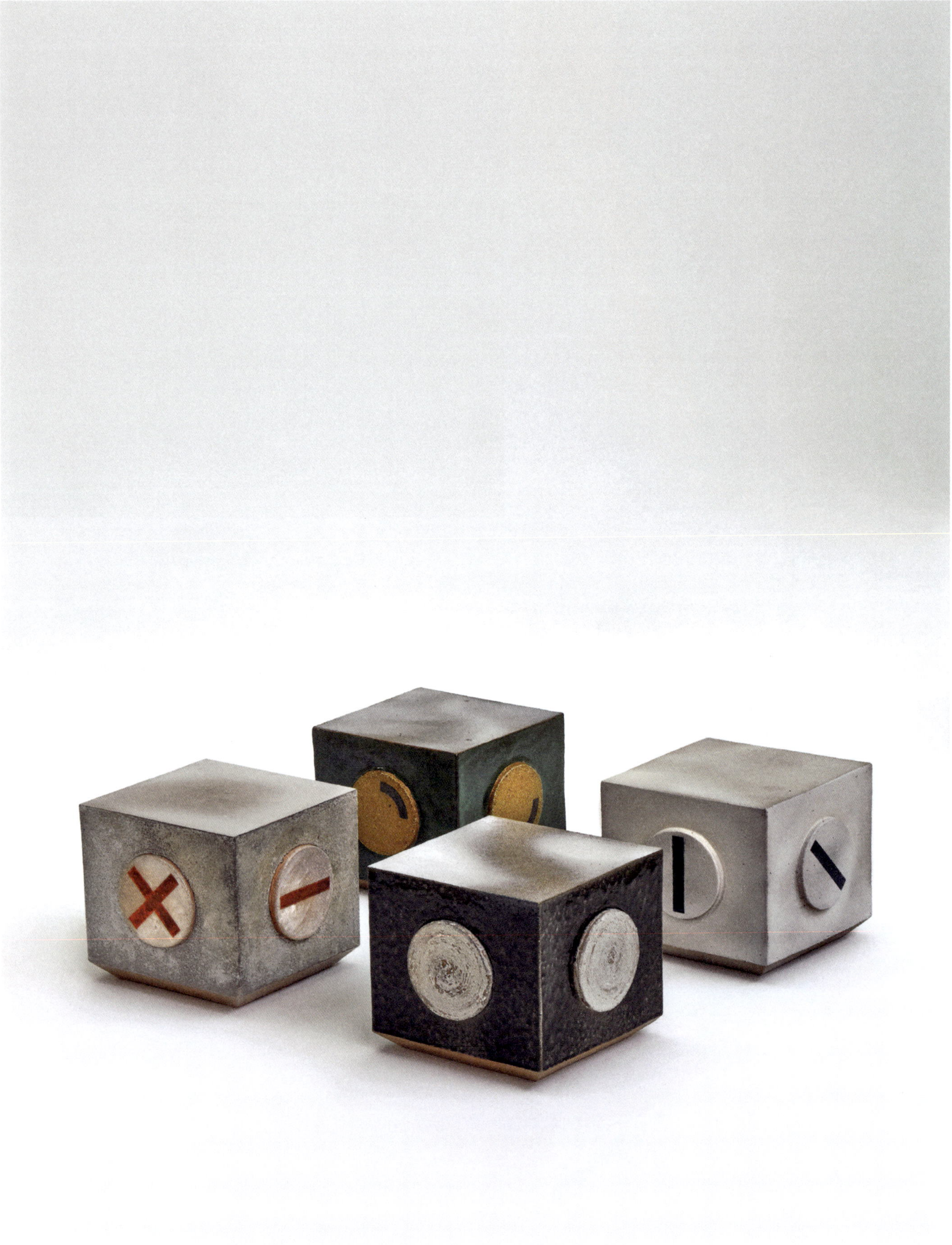

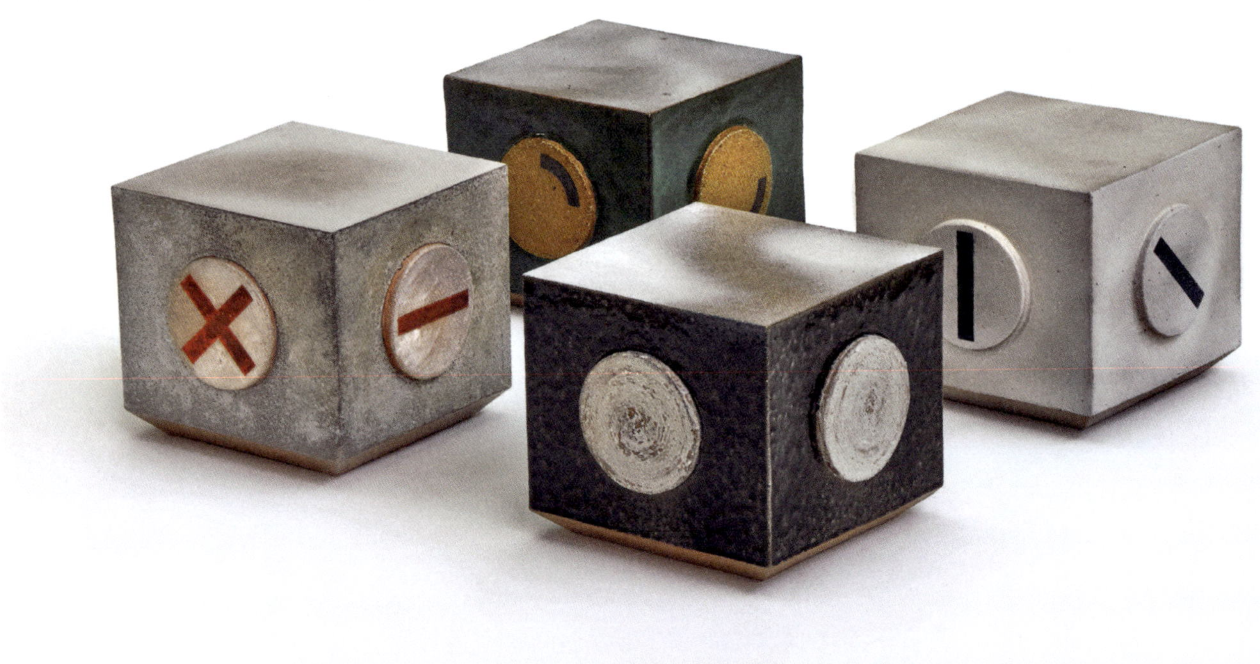

FRANZ JULIEN _ 2019, *Model: Bunker*, je / each 25 × 28 × 28 cm

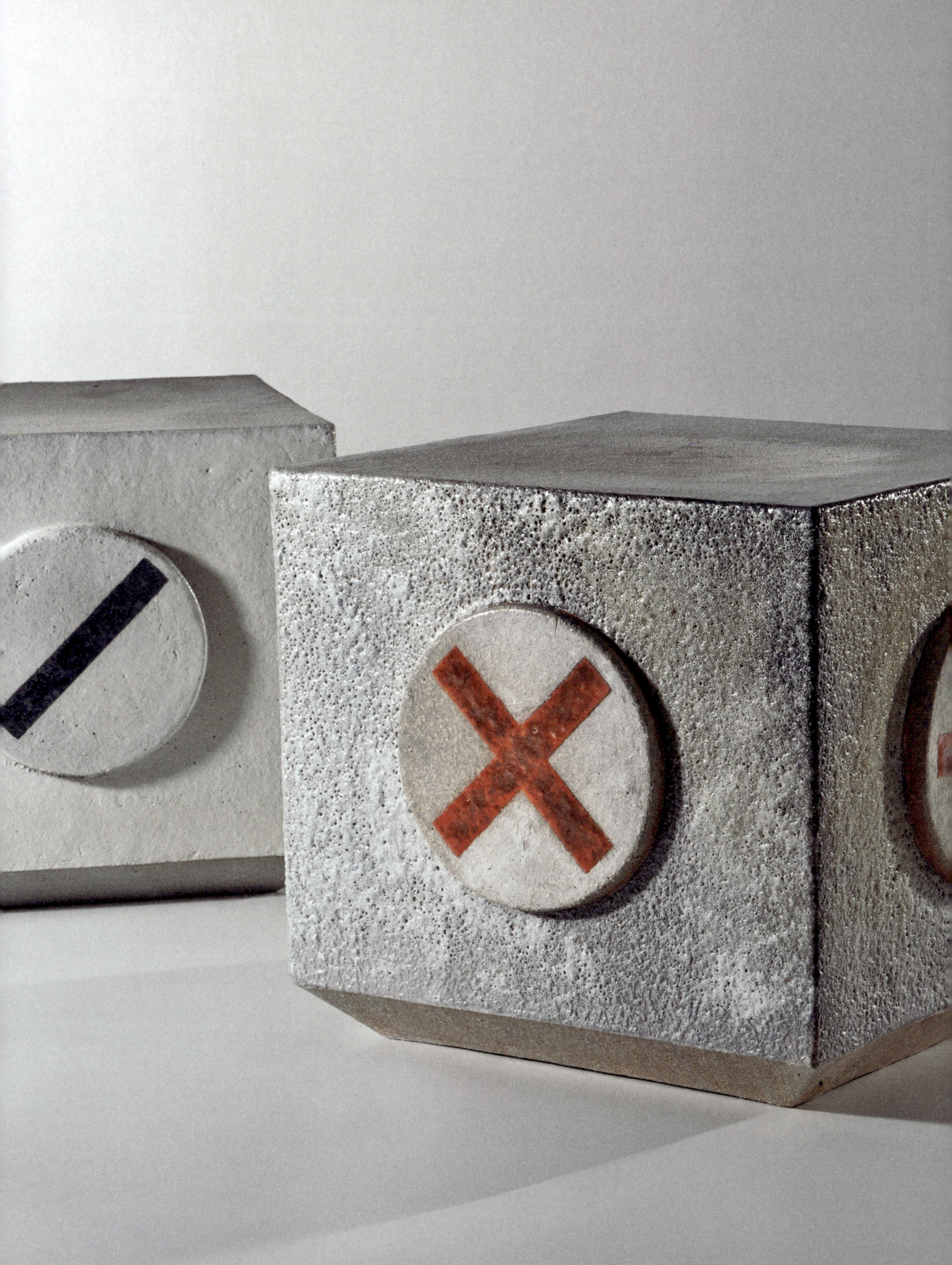

Charlotte Böhmer

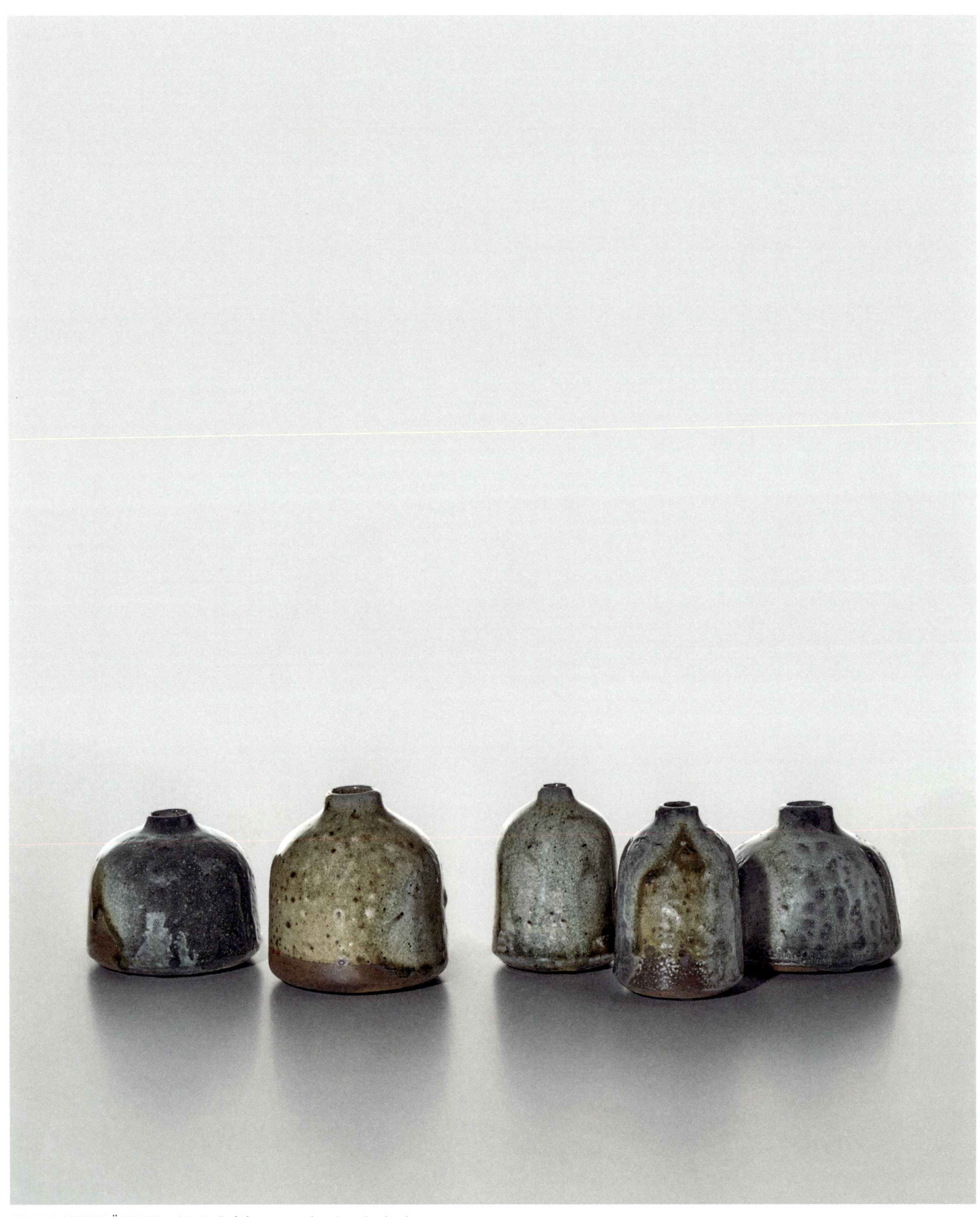

CHARLOTTE BÖHMER _ 2018, *Gefäßgruppe*, je / each ca. 9 × 9 × 9 cm

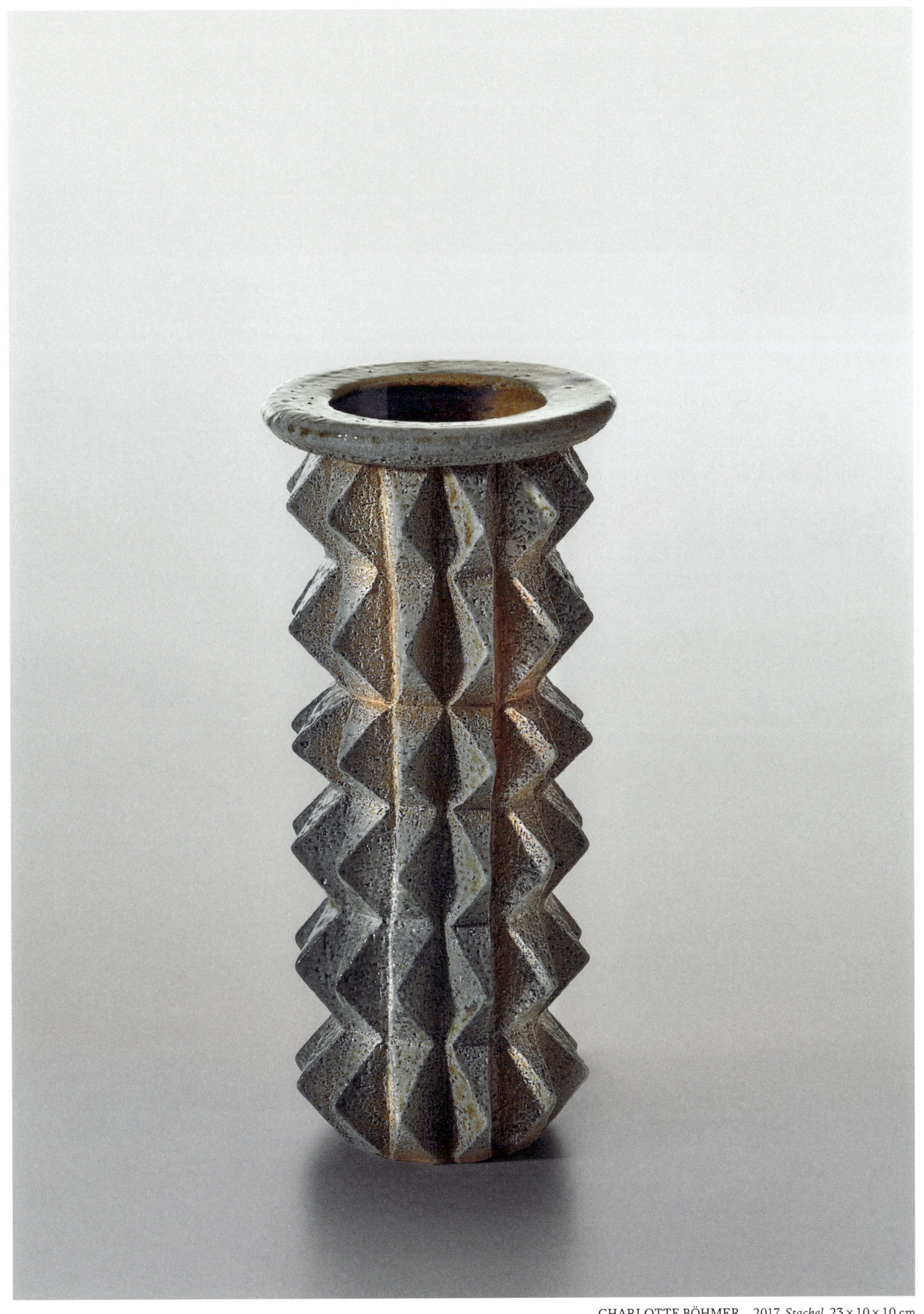

CHARLOTTE BÖHMER _ 2017, *Stachel*, 23 × 10 × 10 cm

Ester Kröber

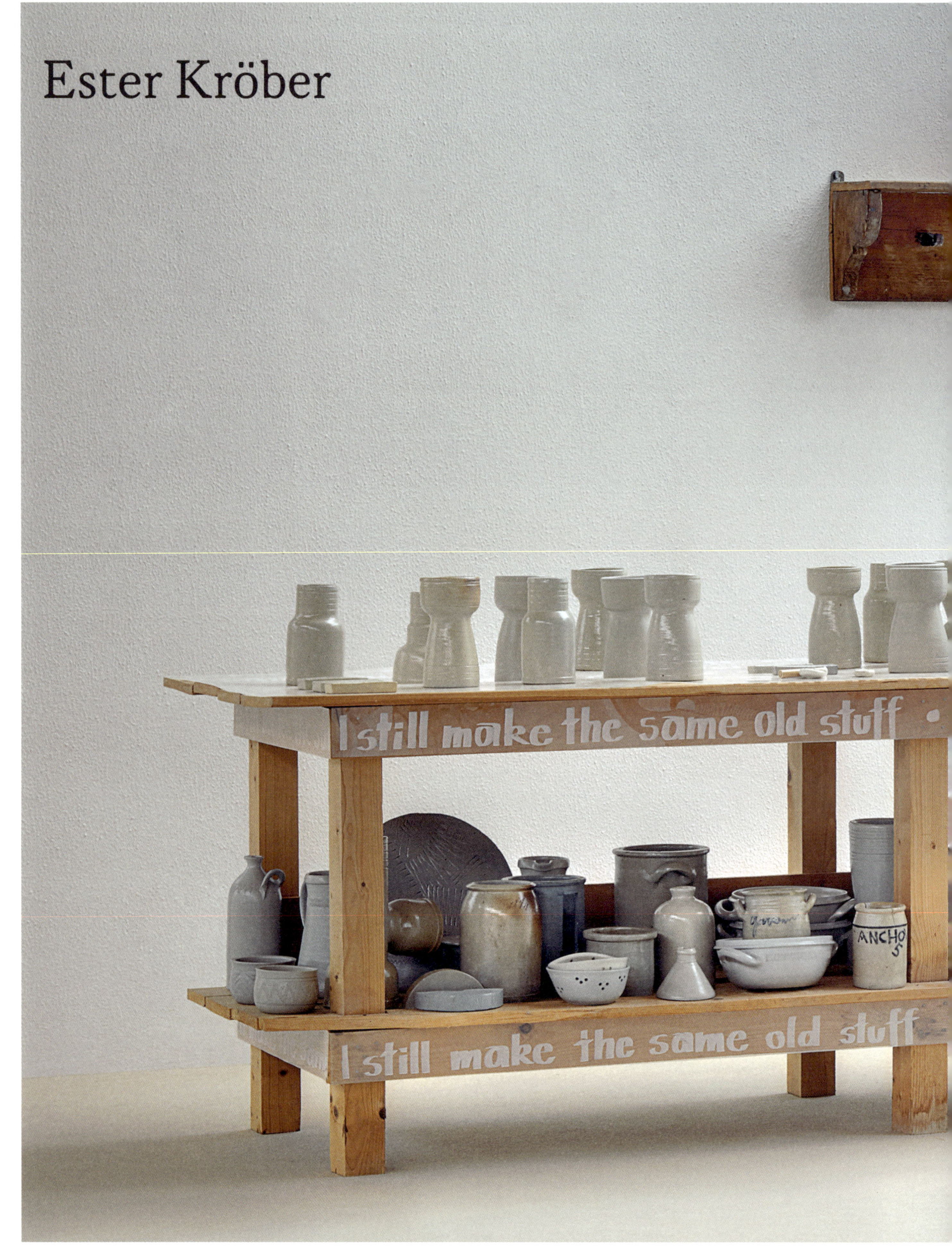

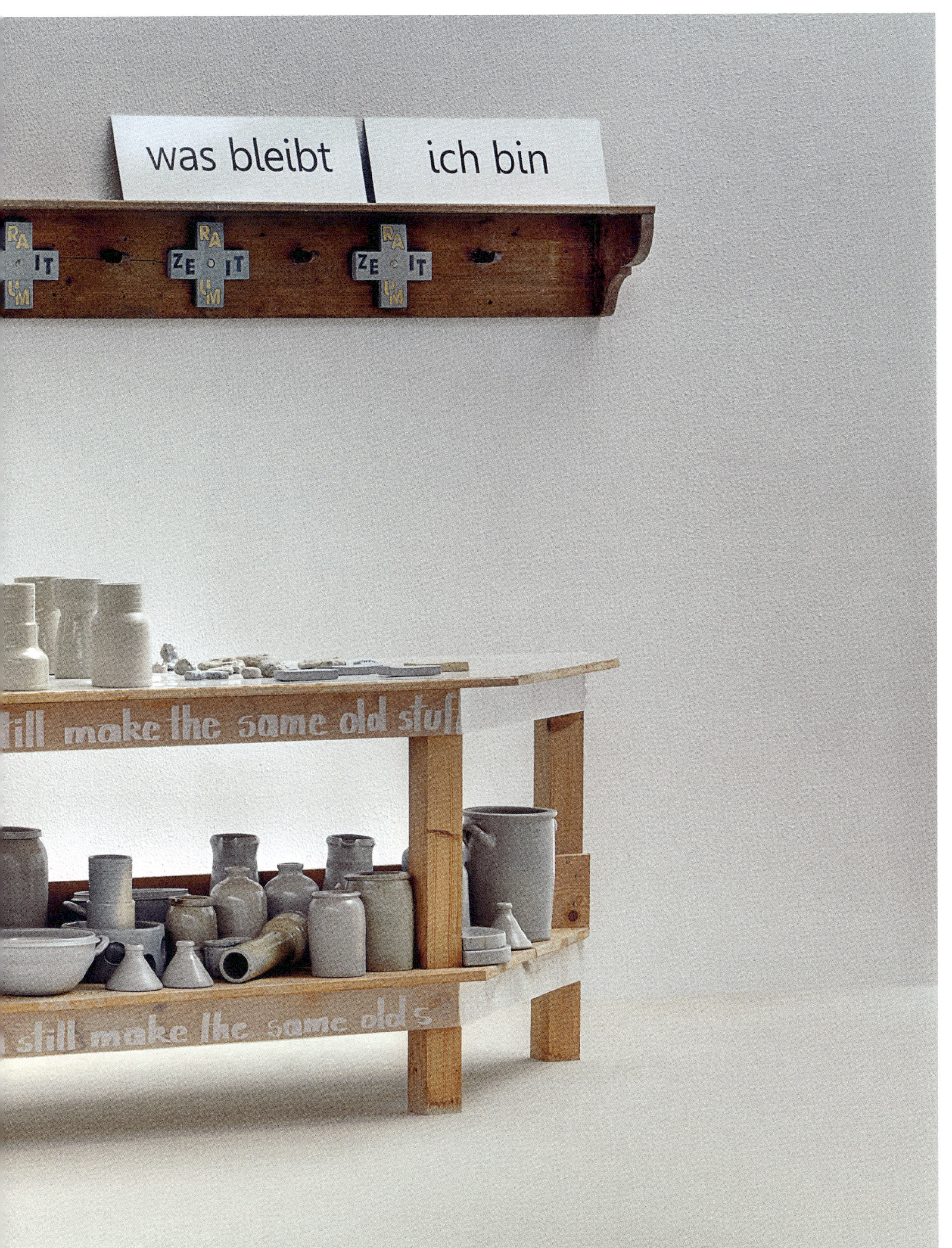

ESTER KRÖBER _ 2017, *I don't believe in stilllife anymore*, 190 × 300 × 75 cm

Karl-Heinz Till

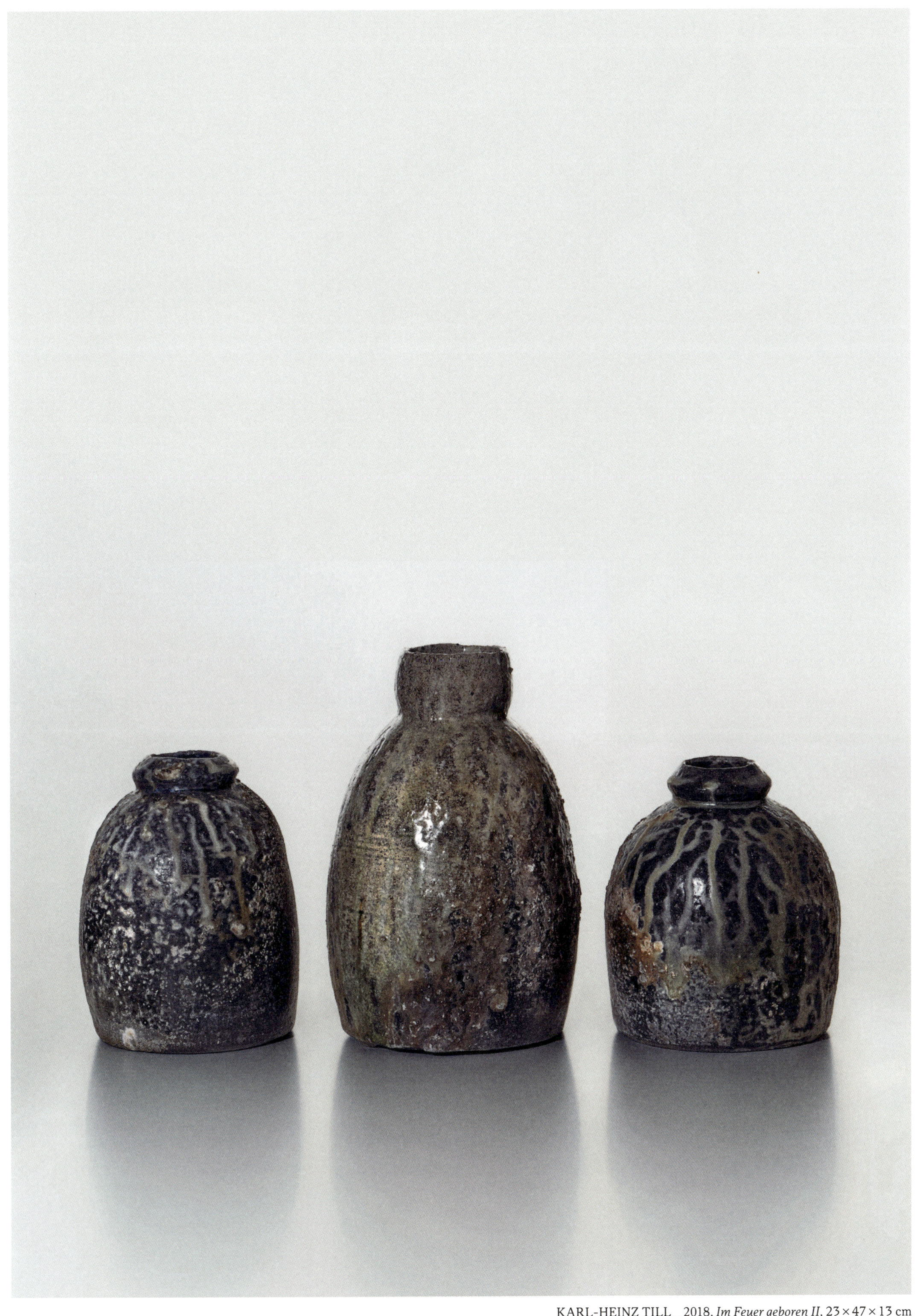

KARL-HEINZ TILL _ 2018, *Im Feuer geboren II*, 23 × 47 × 13 cm

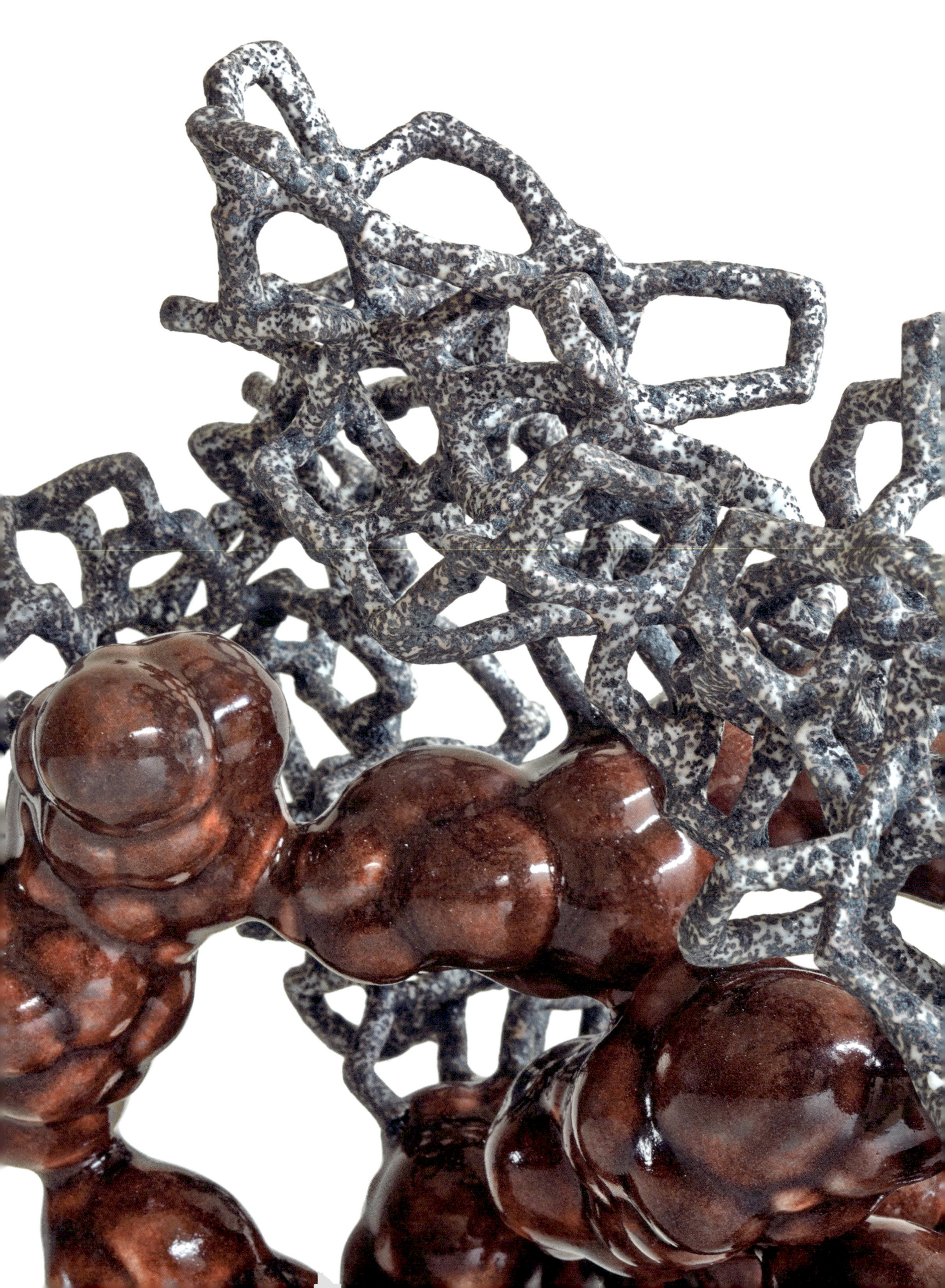

Förderpreis
Talent Prize

PREISTRÄGERIN / PRIZE WINNER
Hyunjin Kim

Hyunjin Kim

Hyunjin Kim arbeitete von 2015 bis 2017 an der Muthesius Kunsthochschule in Kiel an einem persönlichen Projekt, betitelt *Muttermal*. Das koreanische Wort dafür — *Jeom* — kann sowohl Muttermal als auch einen kleinen Fleck, ein punktförmiges Zeichen oder ein Stadium innerhalb einer Entwicklung bedeuten. Die Studentin lotete in ihrem Projekt organische Prozesse in Zeichnungen, Aquarellen, Texten und keramischen Arbeiten aus.

Die prämierten Arbeiten tragen den Titel: *Kümmel* — ein kleiner Samen, der im Wachstum neue Strukturen entfaltet. Hyunjin Kim bringt in den zwei Arbeiten mithilfe keramischer Techniken gekonnt Gegensätze ins Spiel. Sie stellt ein mattes, poliertes Weiß, oxidierend gebrannt, einem hochglänzenden, tiefen Kupferrot aus dem Reduktionsbrand gegenüber. Zusammen bilden die beiden Objekte ein ästhetisches Äquilibrium.

Hyunjin Kim worked from 2015 to 2017 at the Muthesius Art College in Kiel on a personal project called *mole*. The Korean word for it — *Jeom* — can mean mole, a small spot, a point sign or a stage during a development. In her project the student plumbed the depths of organic processes in drawings, paintings, texts and ceramic works.

The award-winning works have the titles: *Caraway* — a small seed, which, in growing, develops new structures. Hyunjin Kim in her two works skilfully brings out the opposites with the help of ceramic techniques. She confronts a matt, polished white, fired in an oxidising environment, against a highly polished deep copper red of a reductive atmospheric firing. Together the two objects form an aesthetic equilibrium.

Nele van Wieringen

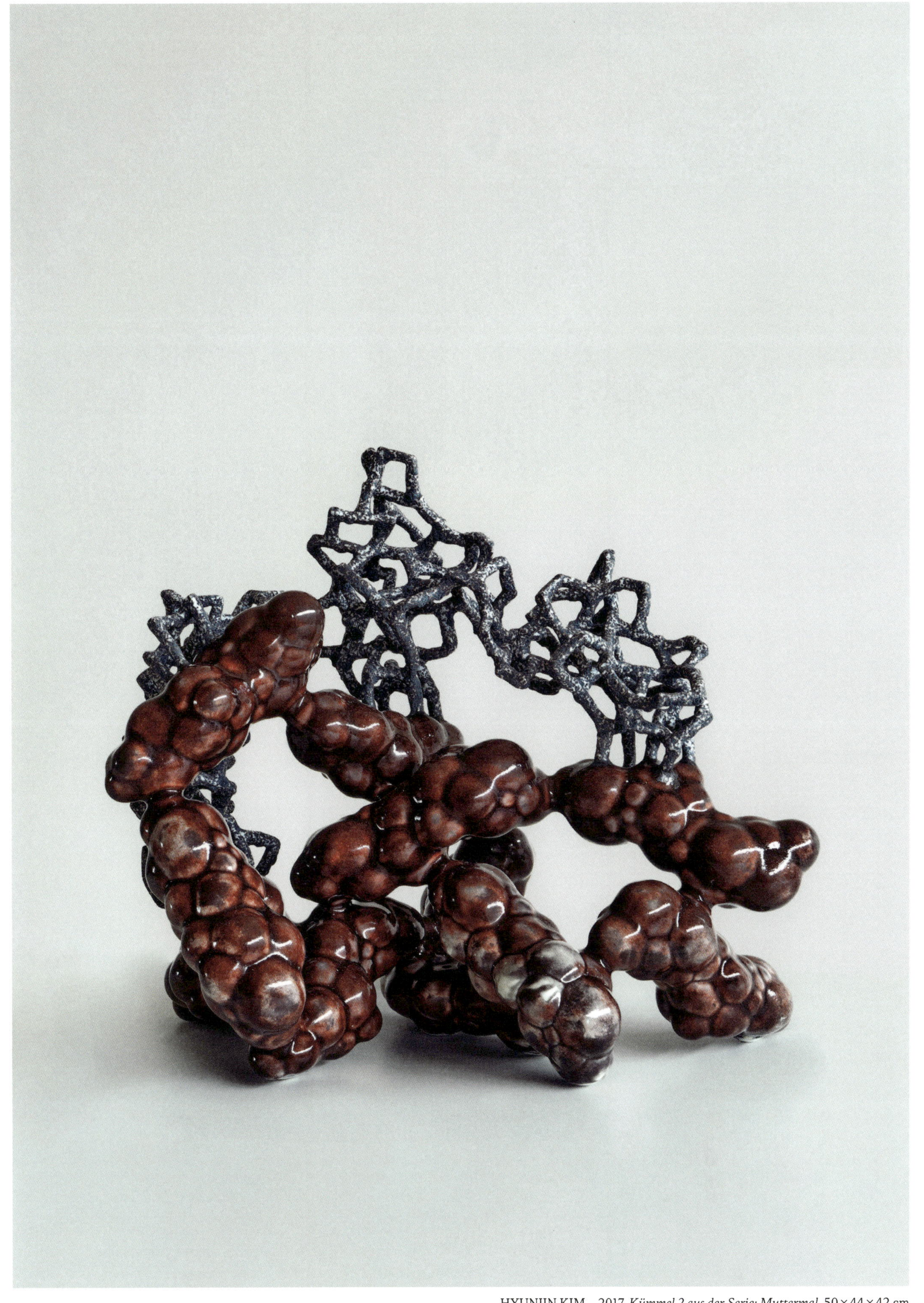

HYUNJIN KIM _ 2017, *Kümmel 2 aus der Serie: Muttermal*, 50 × 44 × 42 cm

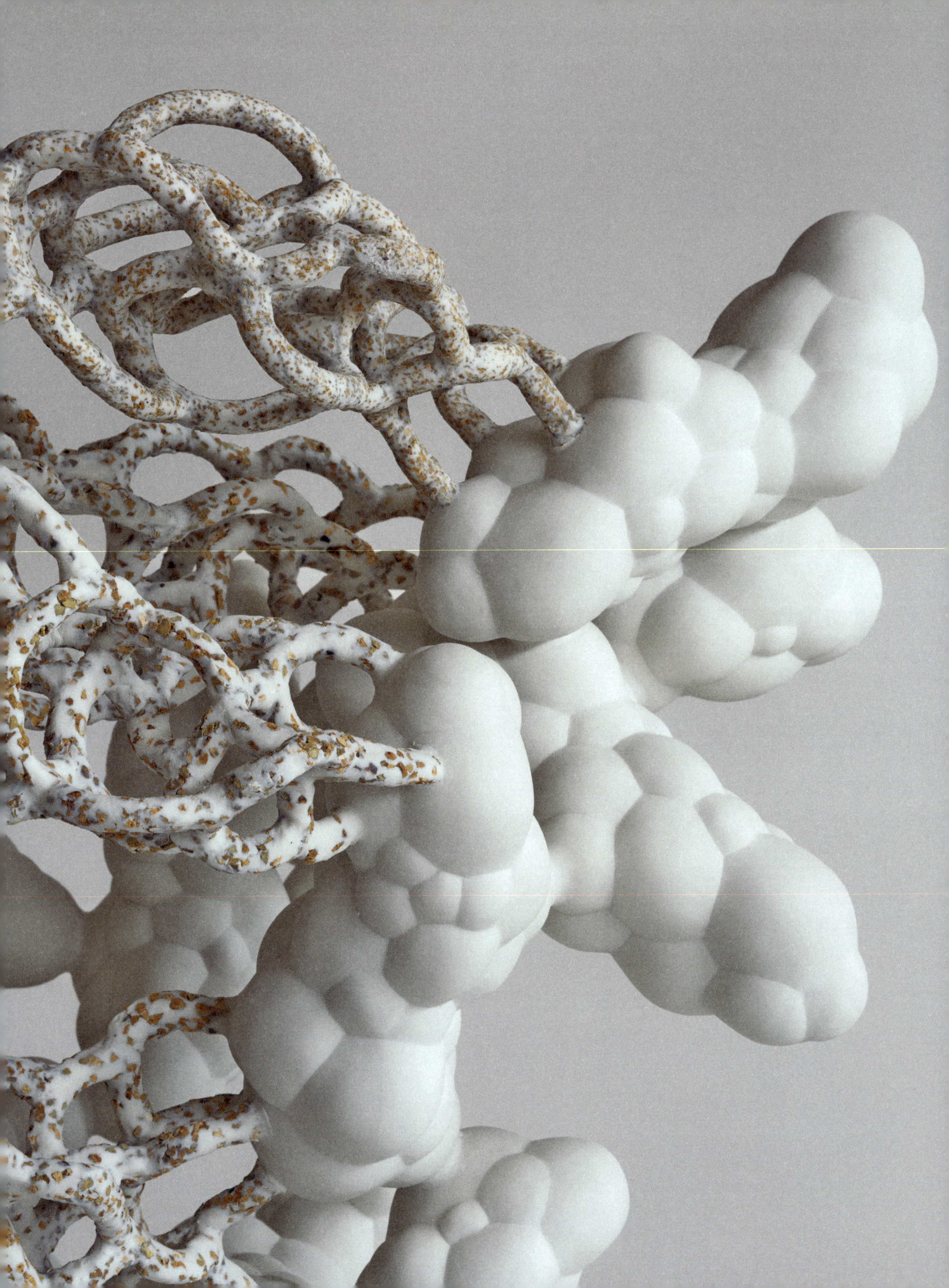

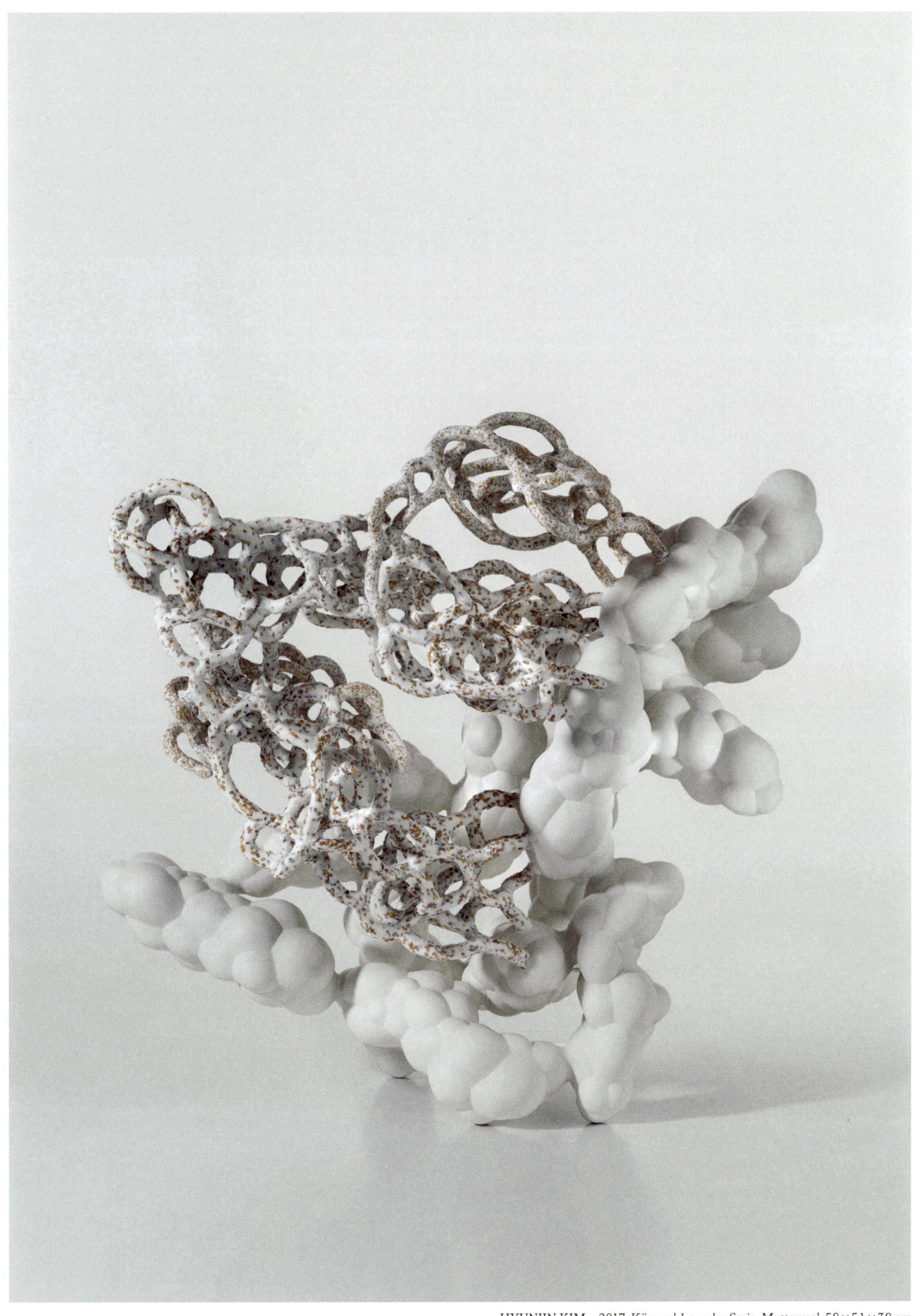

HYUNJIN KIM _ 2017, *Kümmel 1 aus der Serie: Muttermal*, 58 × 51 × 38 cm

Benno Brucksch & Ezra Dilger

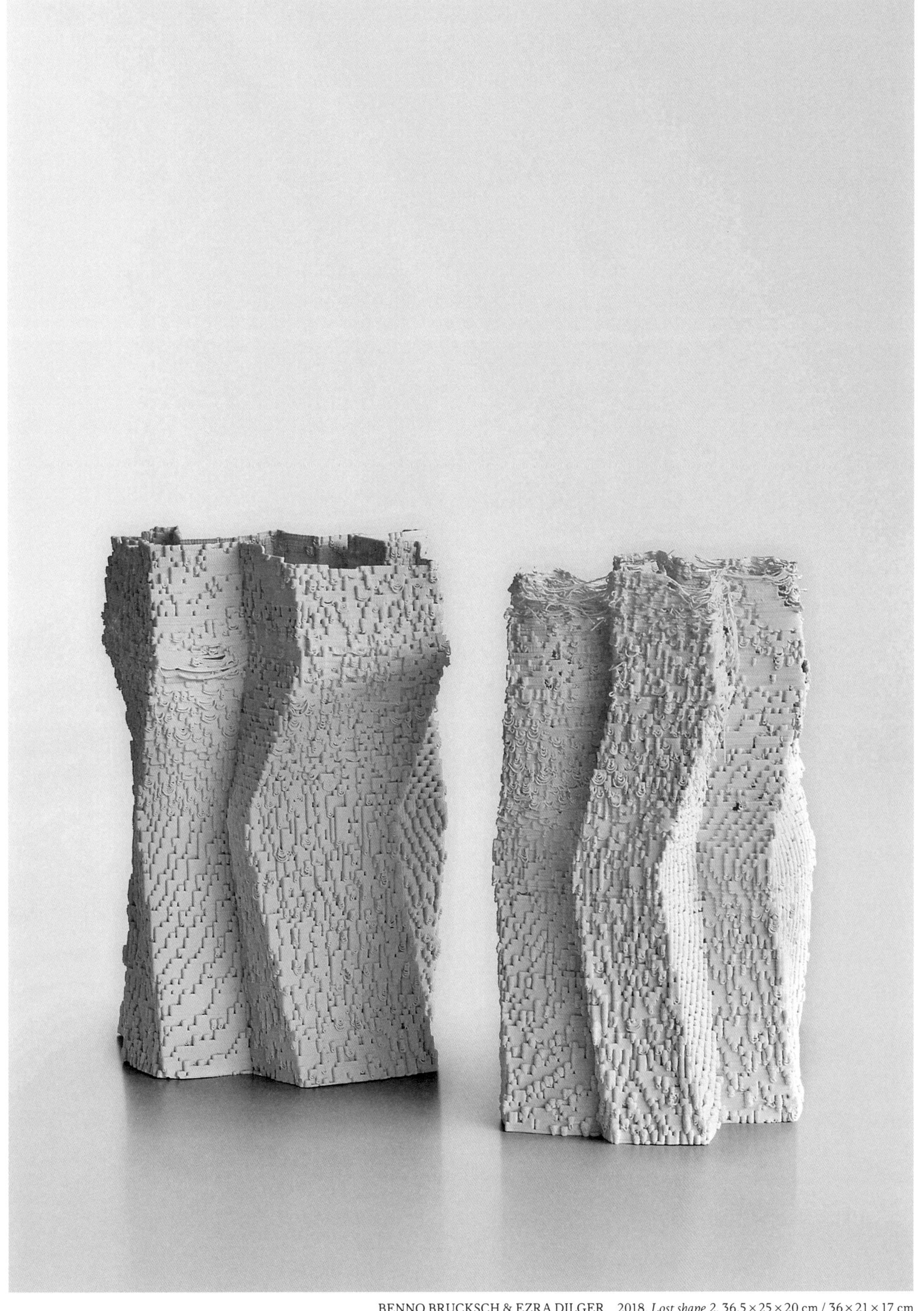

BENNO BRUCKSCH & EZRA DILGER _ 2018, *Lost shape 2*, 36,5 × 25 × 20 cm / 36 × 21 × 17 cm

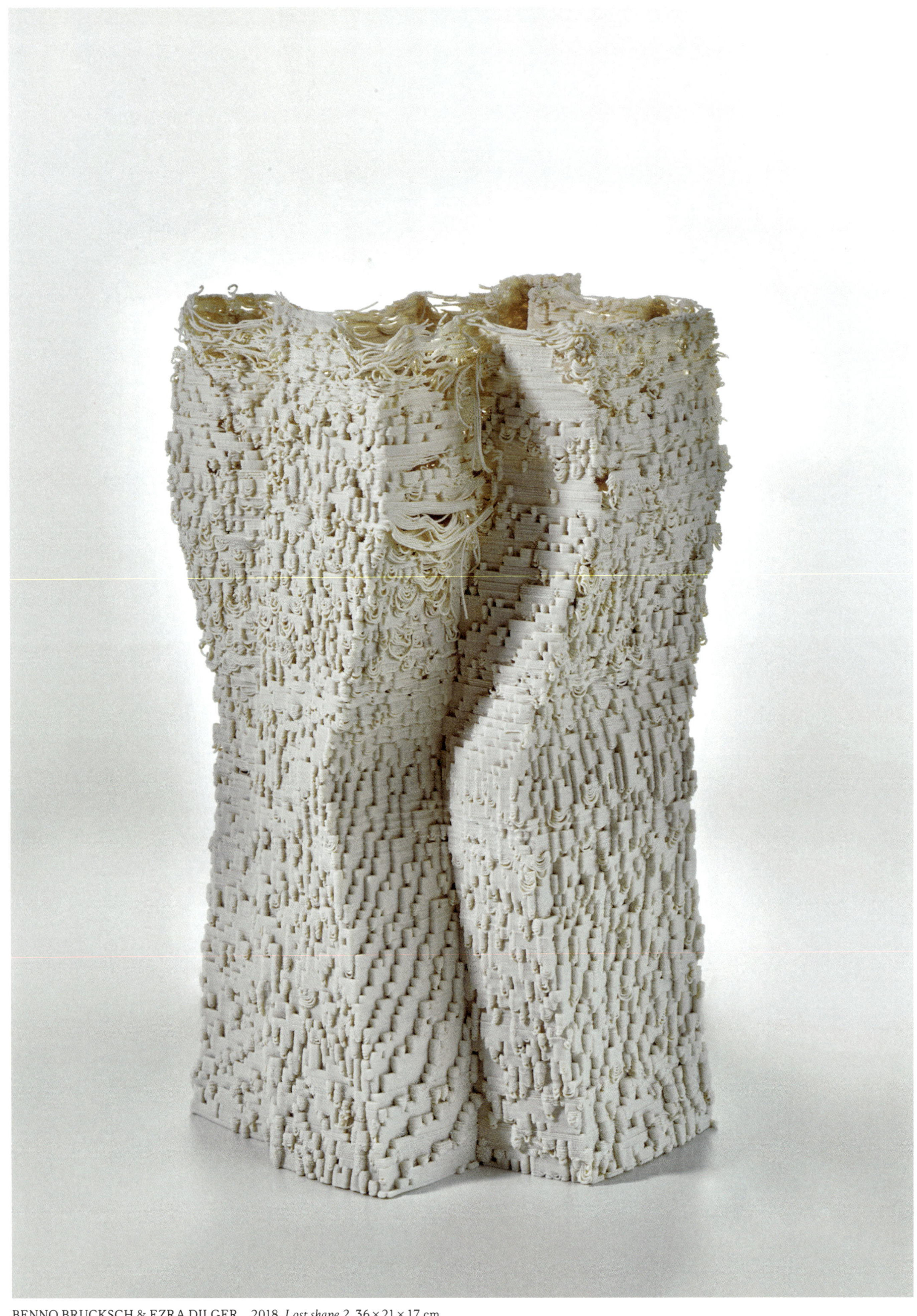

BENNO BRUCKSCH & EZRA DILGER _ 2018, *Lost shape 2*, 36 × 21 × 17 cm

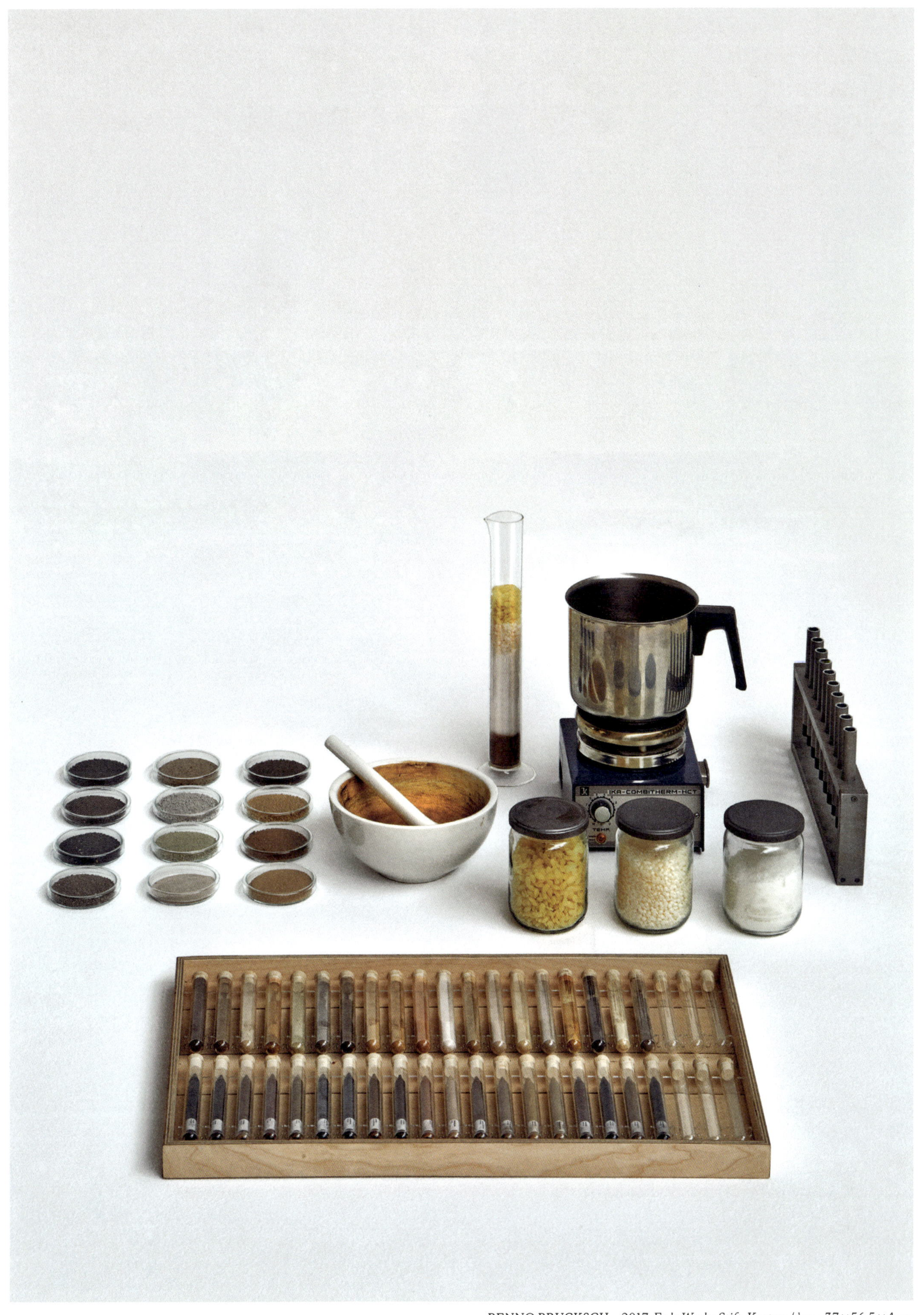

BENNO BRUCKSCH _ 2017, *Erde Wachs Stift*, Kasten / box: 37 × 56,5 × 4 cm

Beate Gatschelhofer

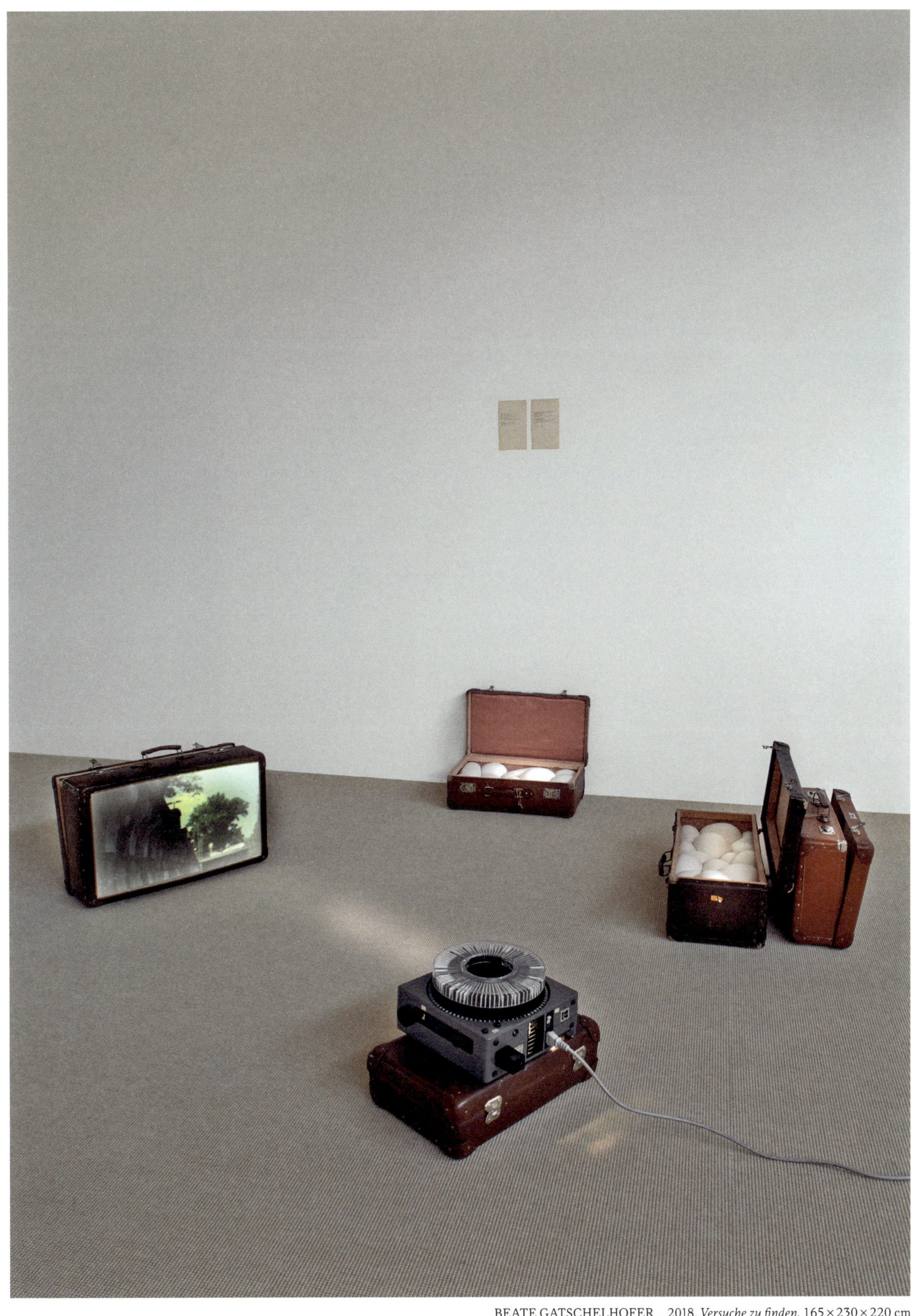

BEATE GATSCHELHOFER _ 2018, *Versuche zu finden*, 165 × 230 × 220 cm

Paul Heyduck

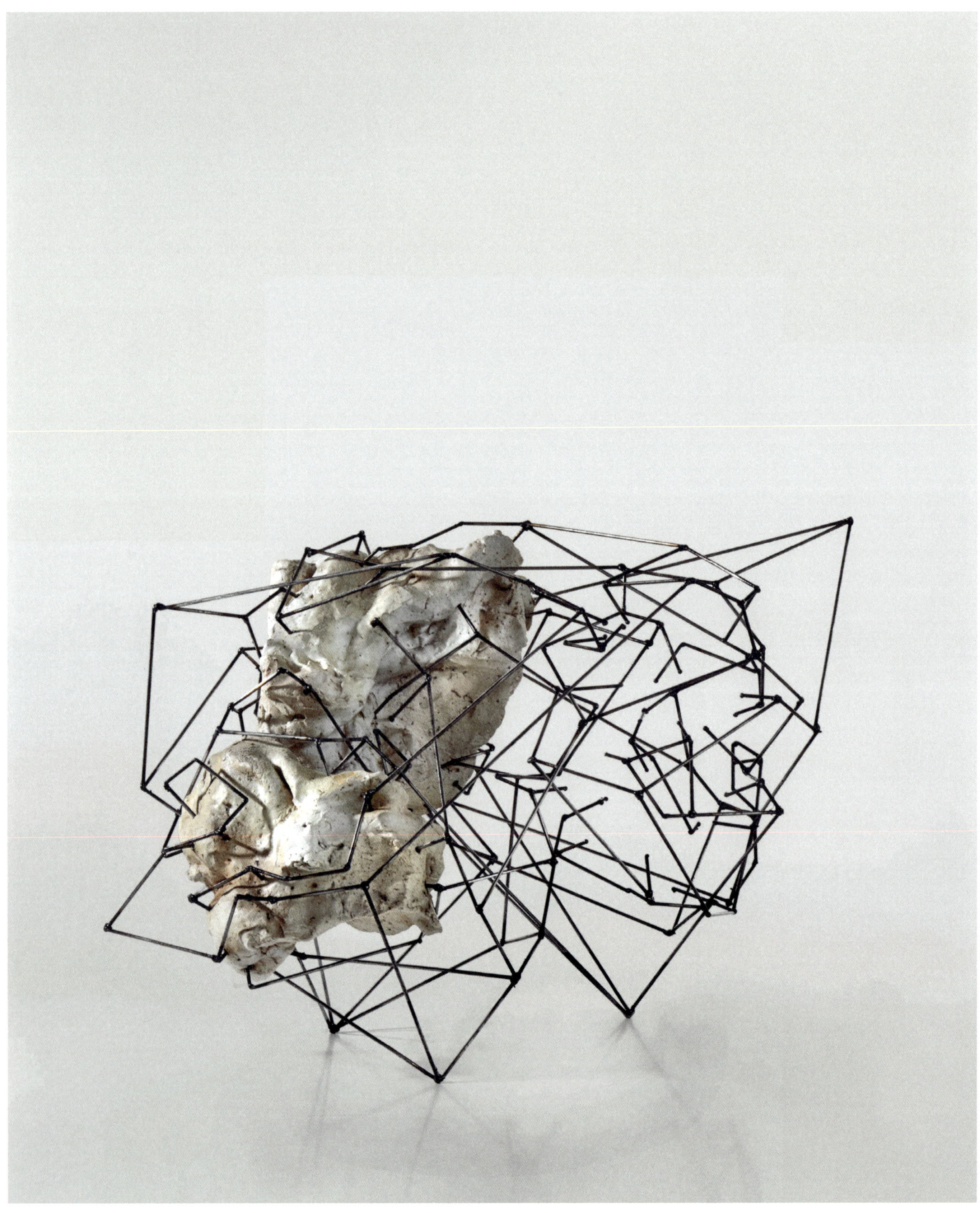

PAUL HEYDUCK _ 2019, *missing response*, 45 × 45 × 60 cm

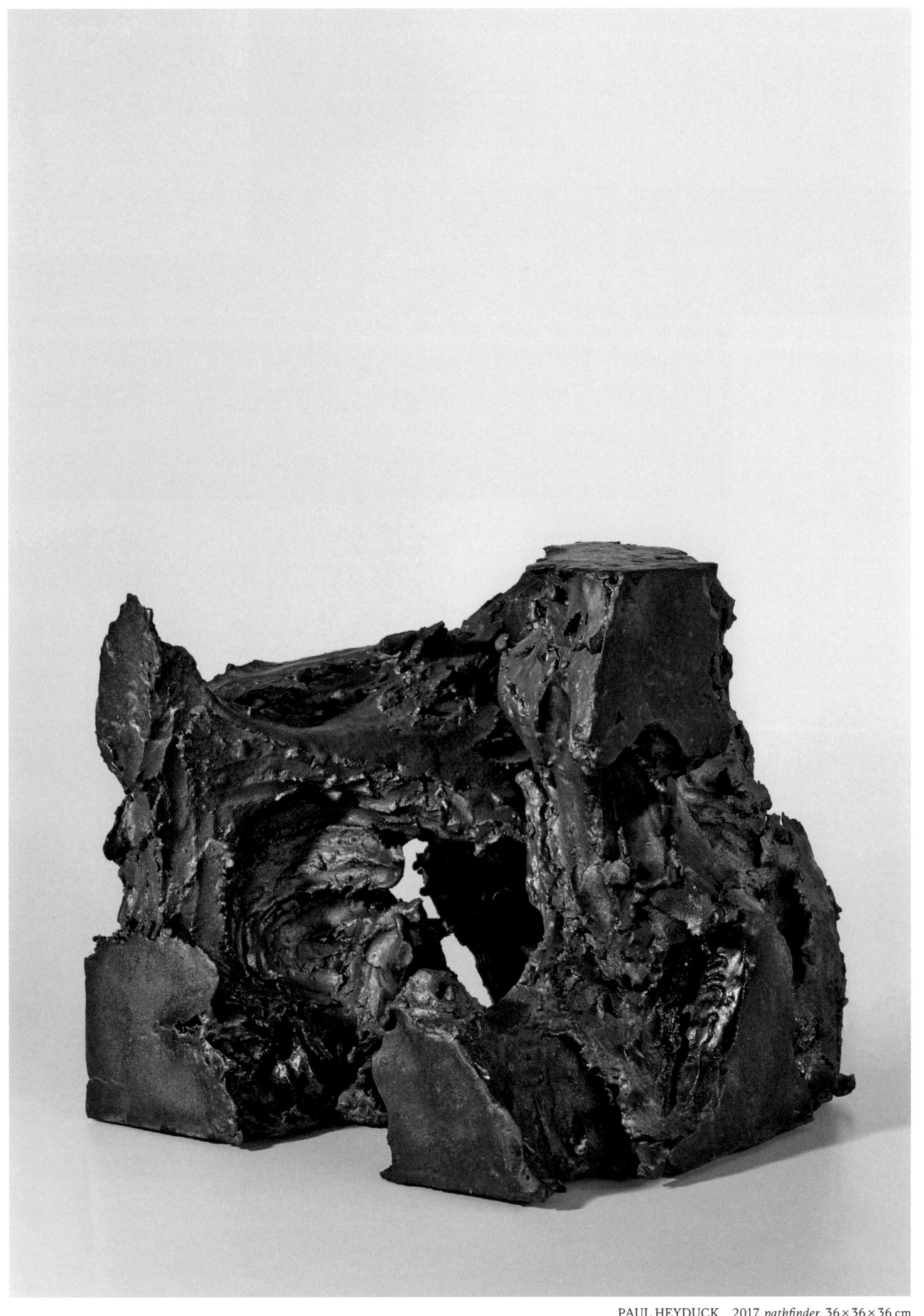

PAUL HEYDUCK _ 2017, *pathfinder*, 36 × 36 × 36 cm

Lisa Kottkamp

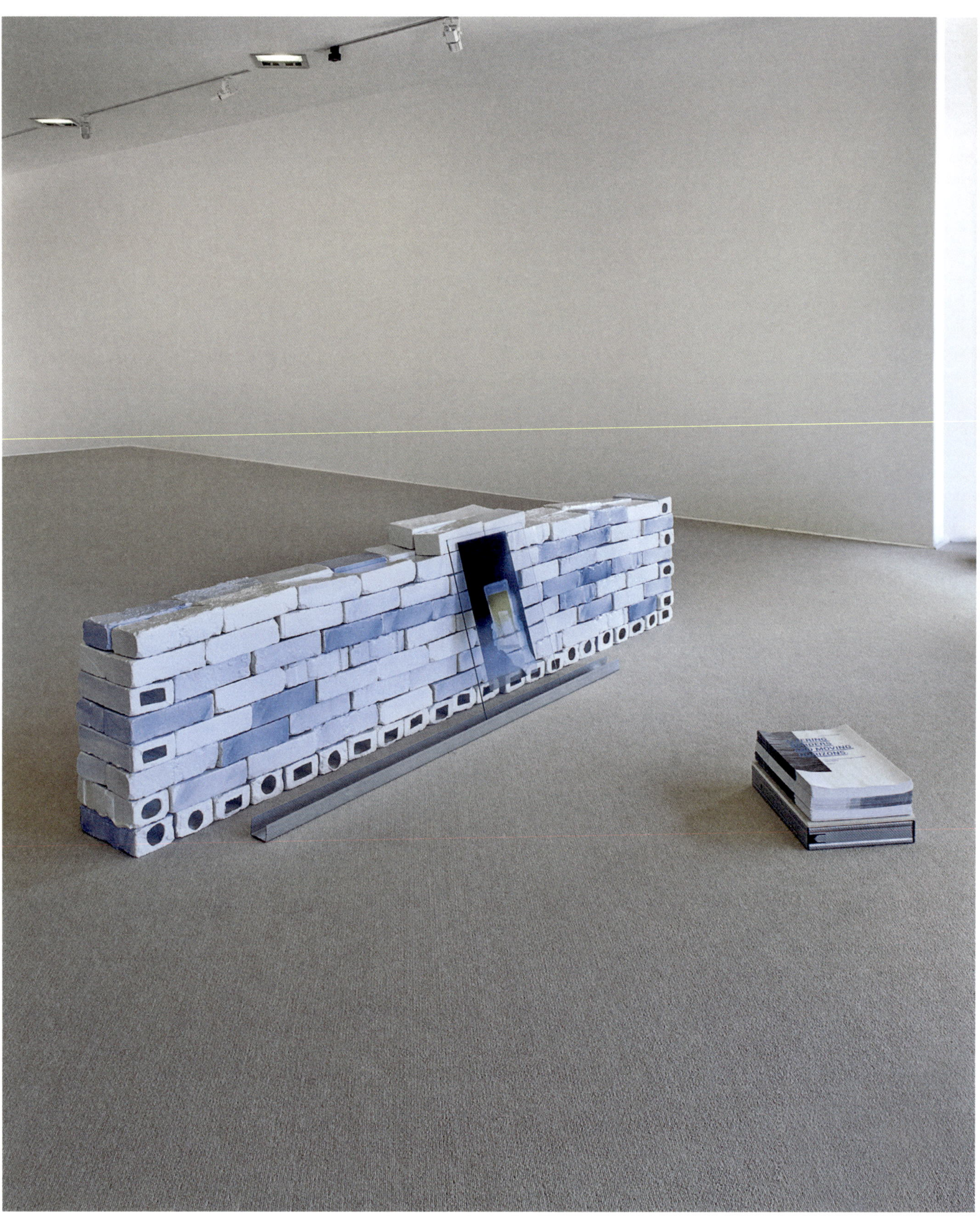

LISA KOTTKAMP _ 2017, *Altering Borders and Moving Horizons*, 55 × 241 × 36 cm

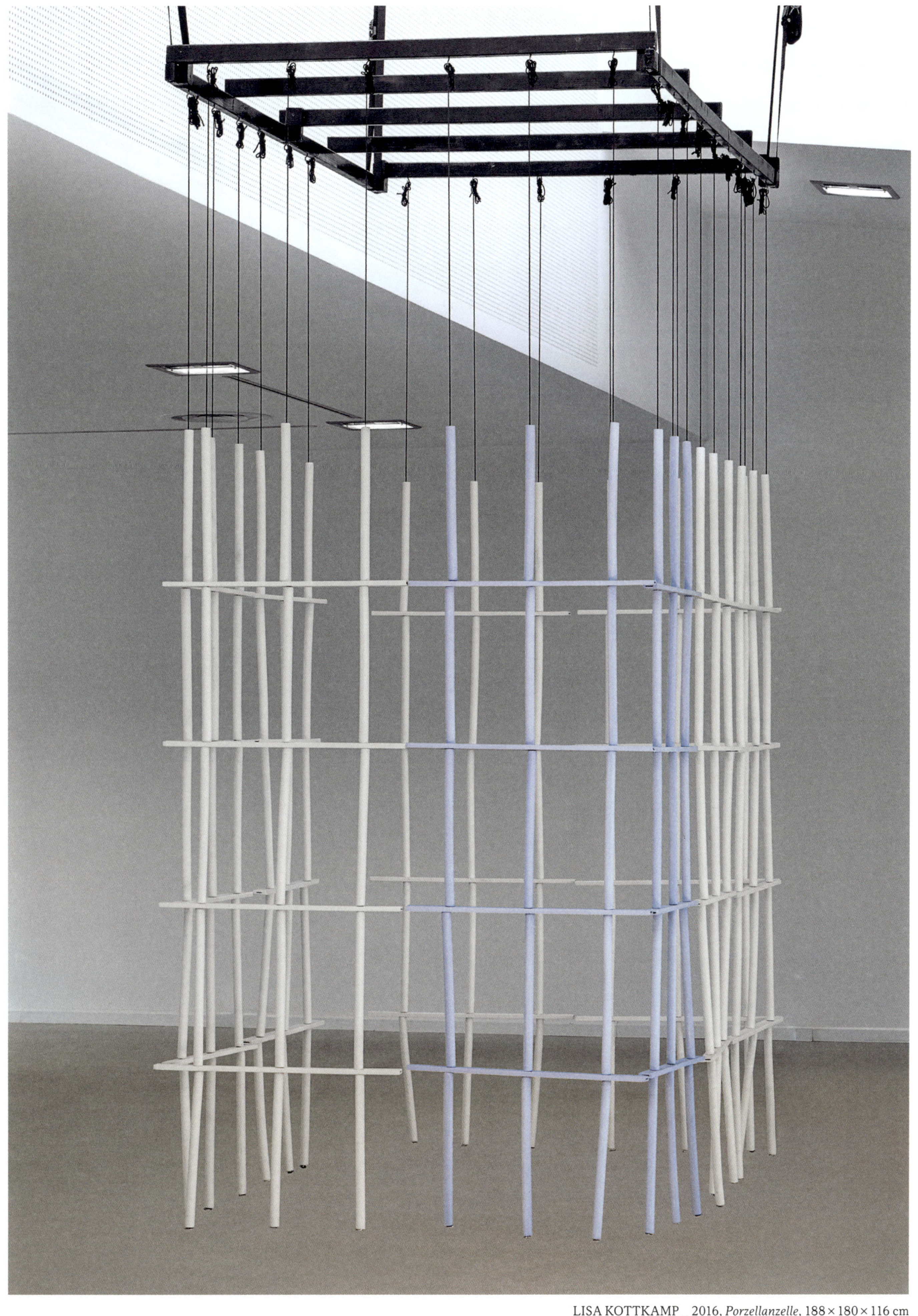

LISA KOTTKAMP _ 2016, *Porzellanzelle*, 188 × 180 × 116 cm

Angelika Rauf

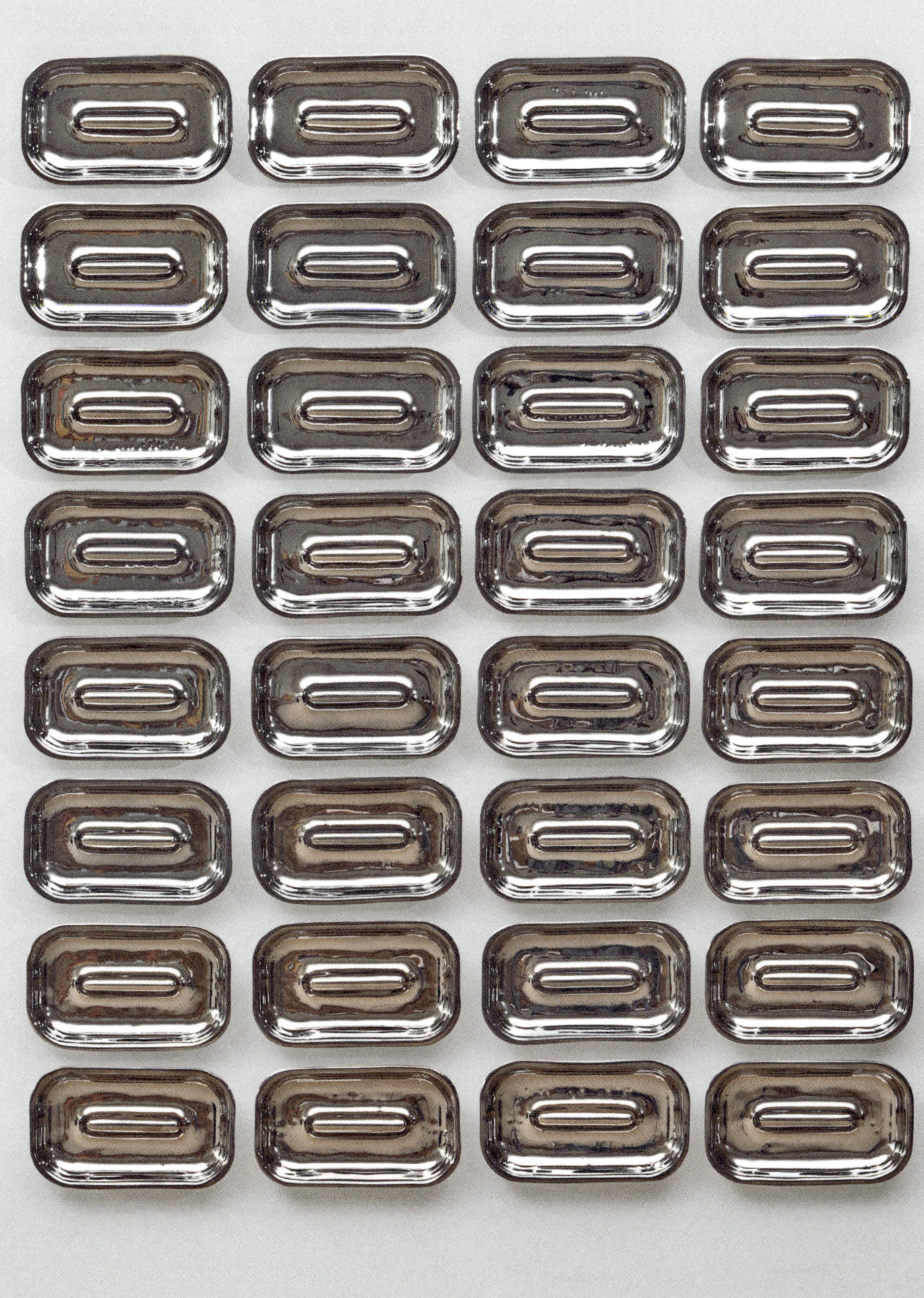

ANGELIKA RAUF _ 2018, *my pride and joy*, 100 × 80 × 4 cm

Catherine Sanke

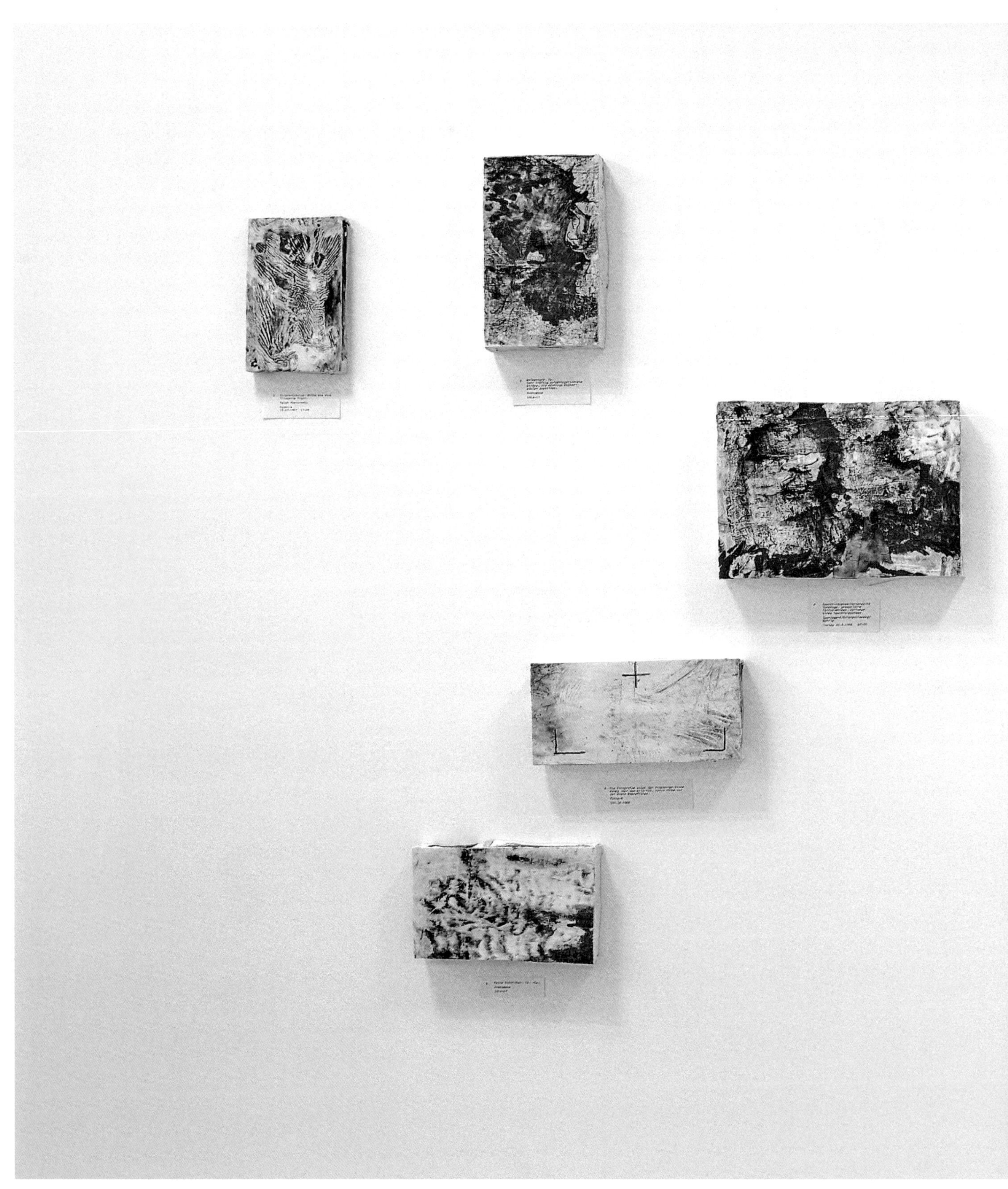

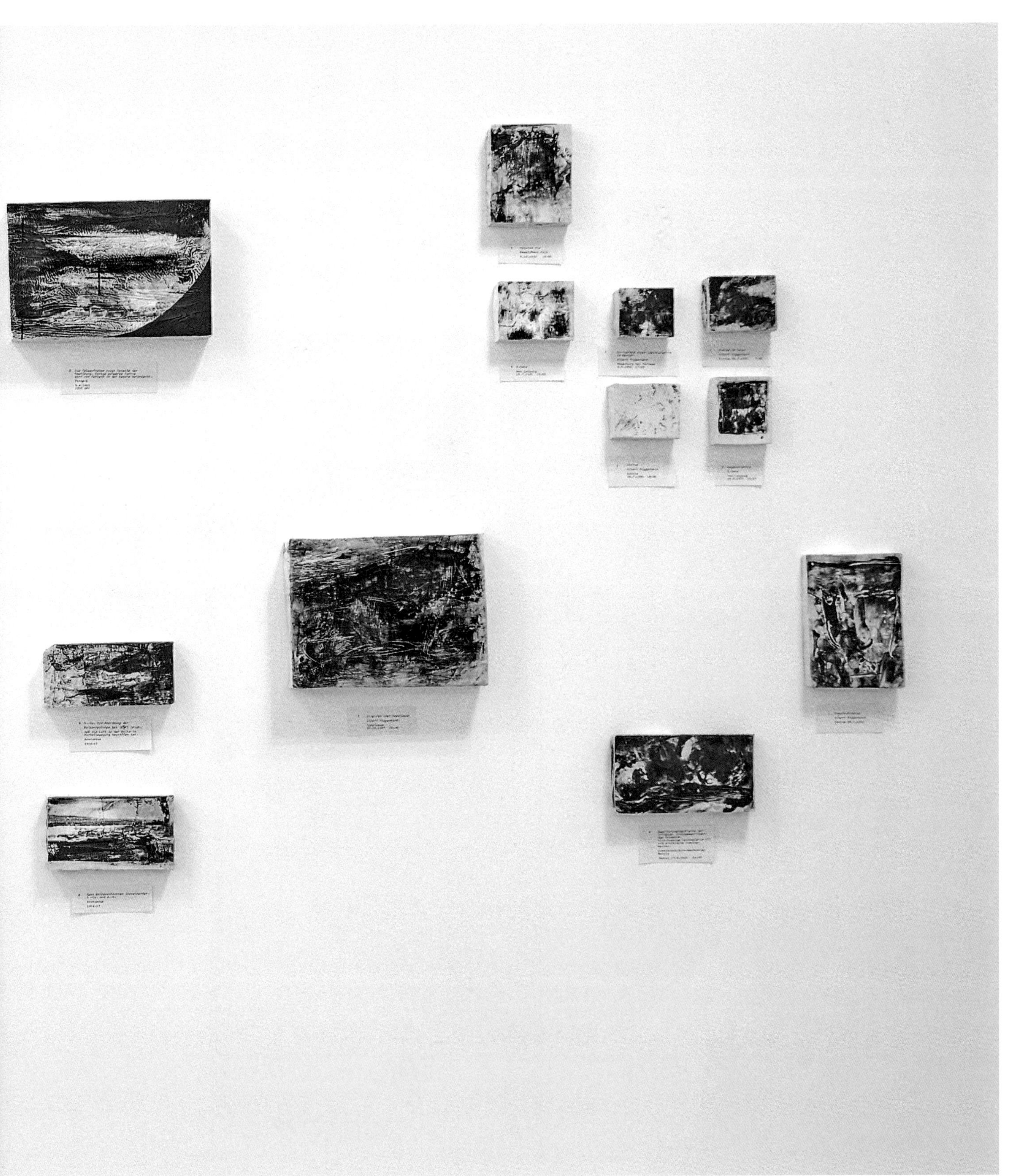

CATHERINE SANKE _ 2016, *Wolkenbilder*, 219 × 260 × 5 cm

Zsuzsanna Zsófia Sinkovits

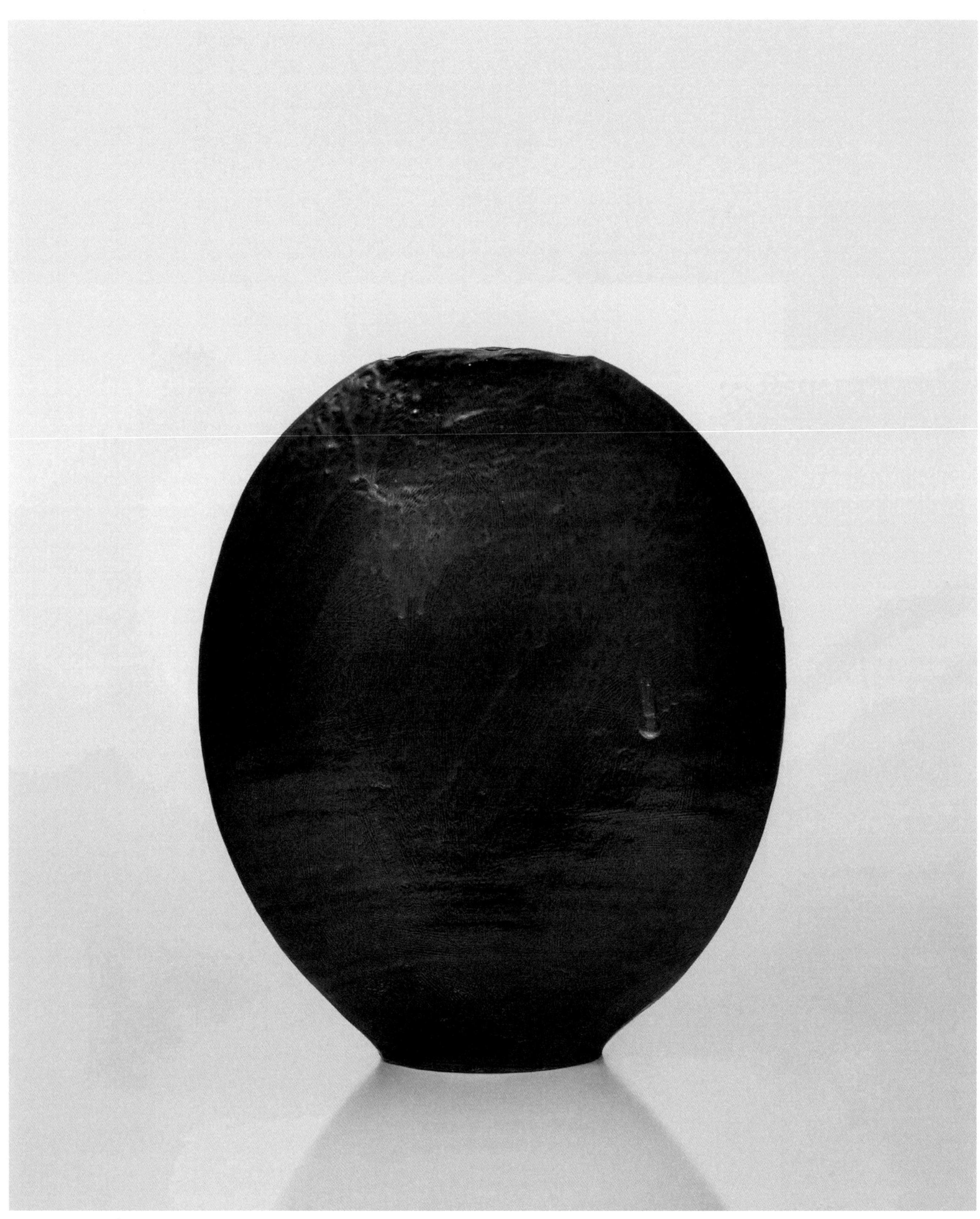

ZSUZSANNA ZSÓFIA SINKOVITS _ 2018, *Oblong vase*, 47,3 × 37,8 × 11,8 cm

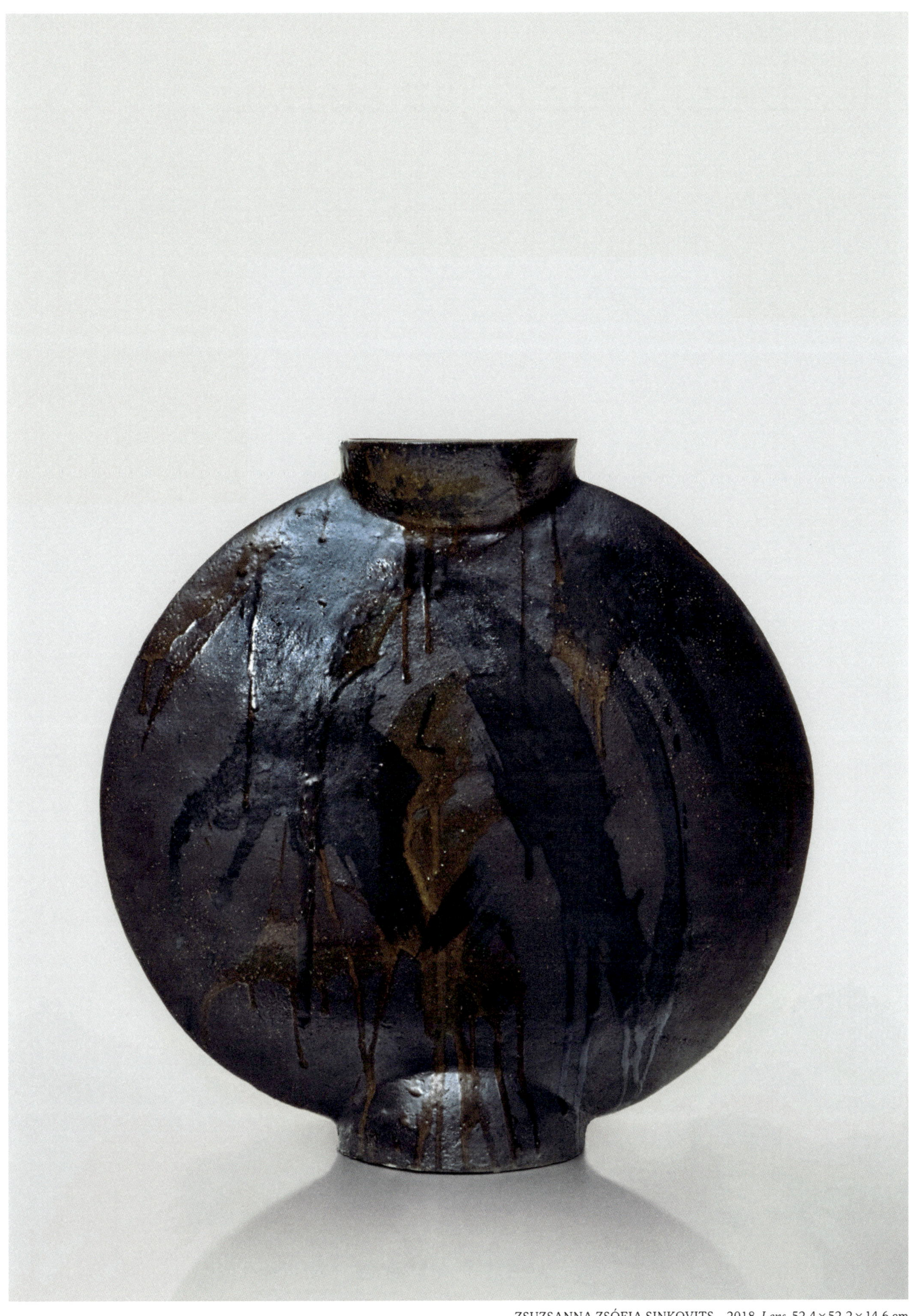

ZSUZSANNA ZSÓFIA SINKOVITS _ 2018, *Lens*, 52,4 × 52,2 × 14,6 cm

Alexandra Stein & Jan Herzog

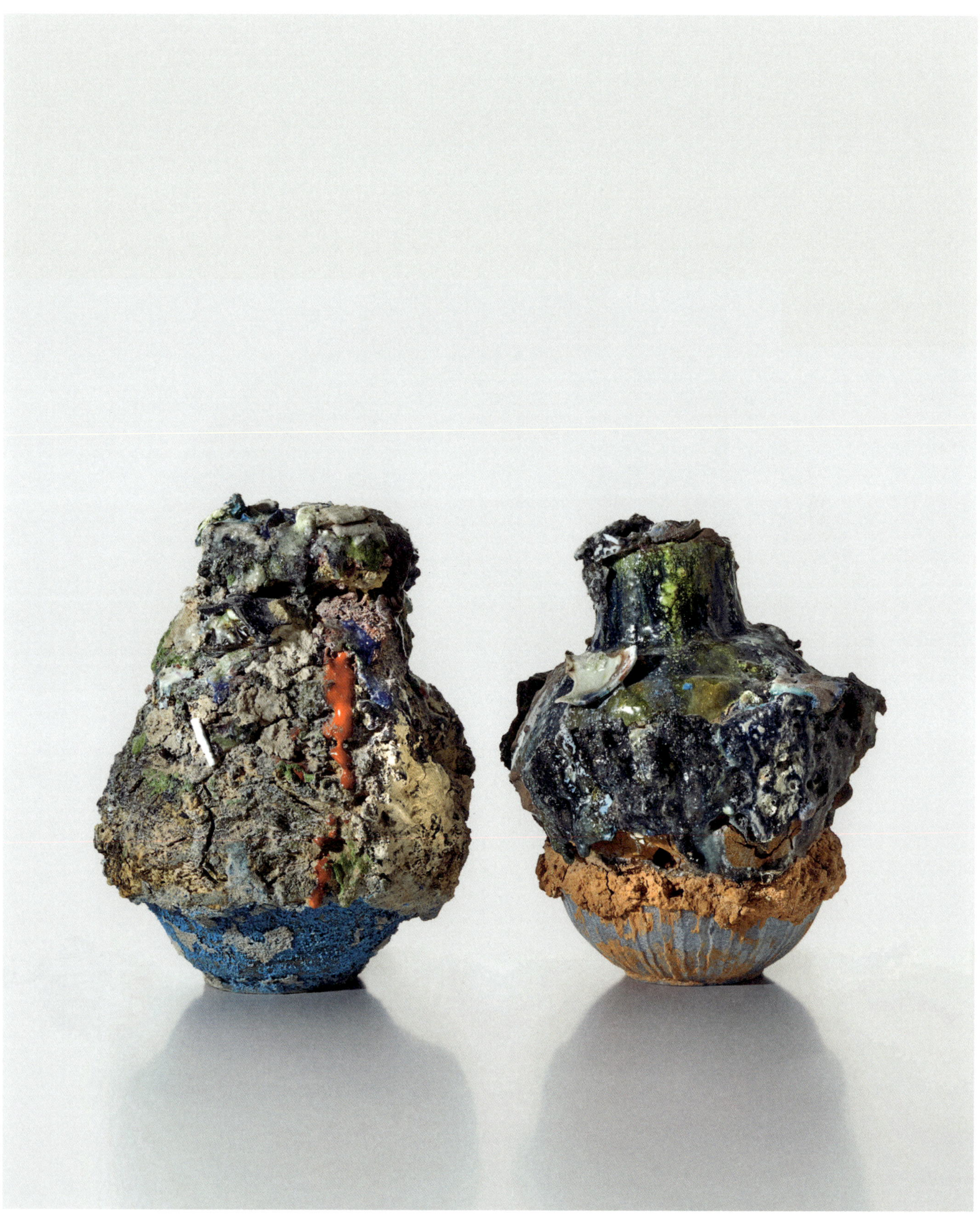

ALEXANDRA STEIN & JAN HERZOG _ 2018, *Es ist, was es ist 1*, 32 × 24 × 25 cm, 32 × 27 × 24 cm

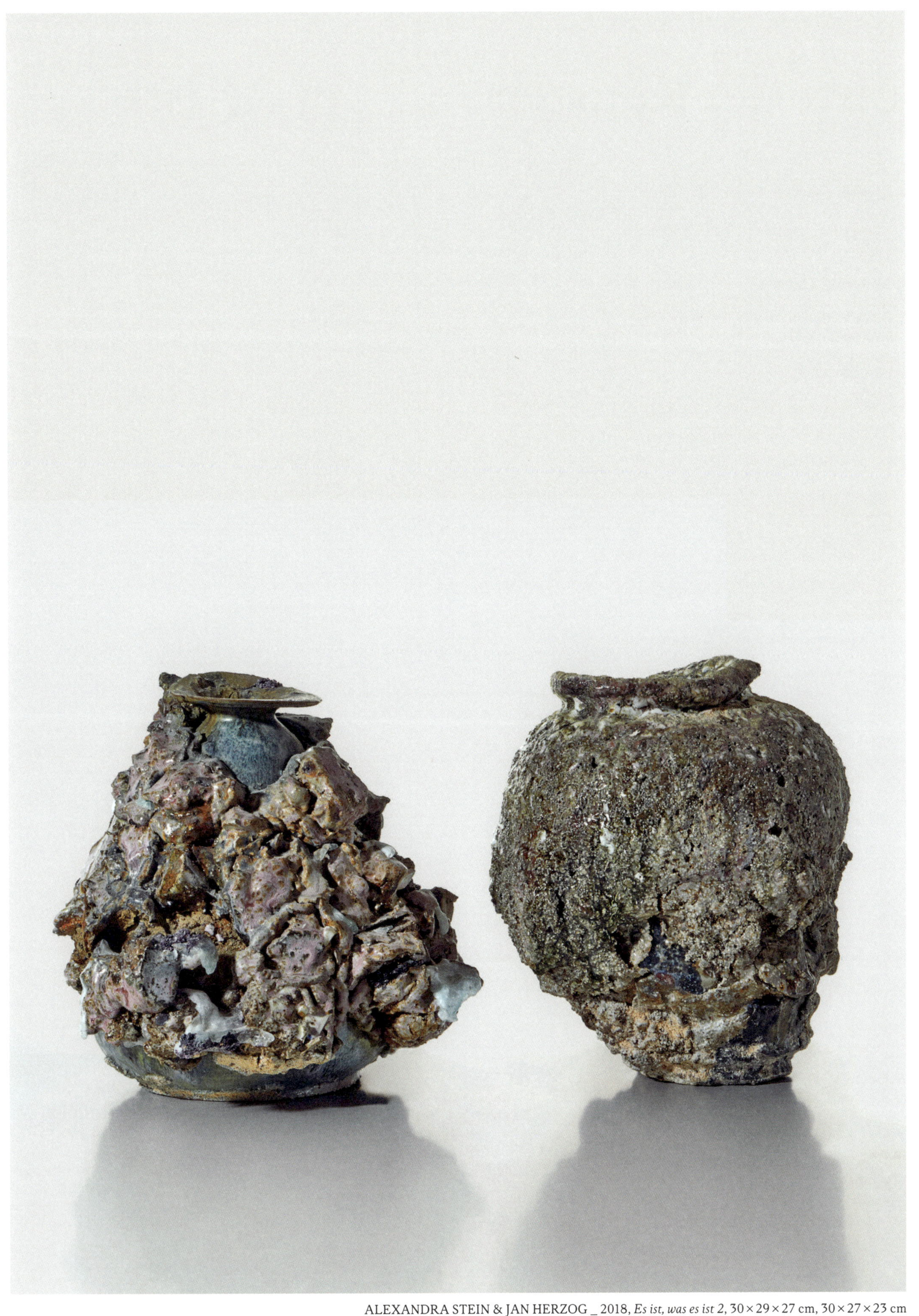

ALEXANDRA STEIN & JAN HERZOG _ 2018, *Es ist, was es ist 2*, 30 × 29 × 27 cm, 30 × 27 × 23 cm

Liste der Künstler / List of Artists

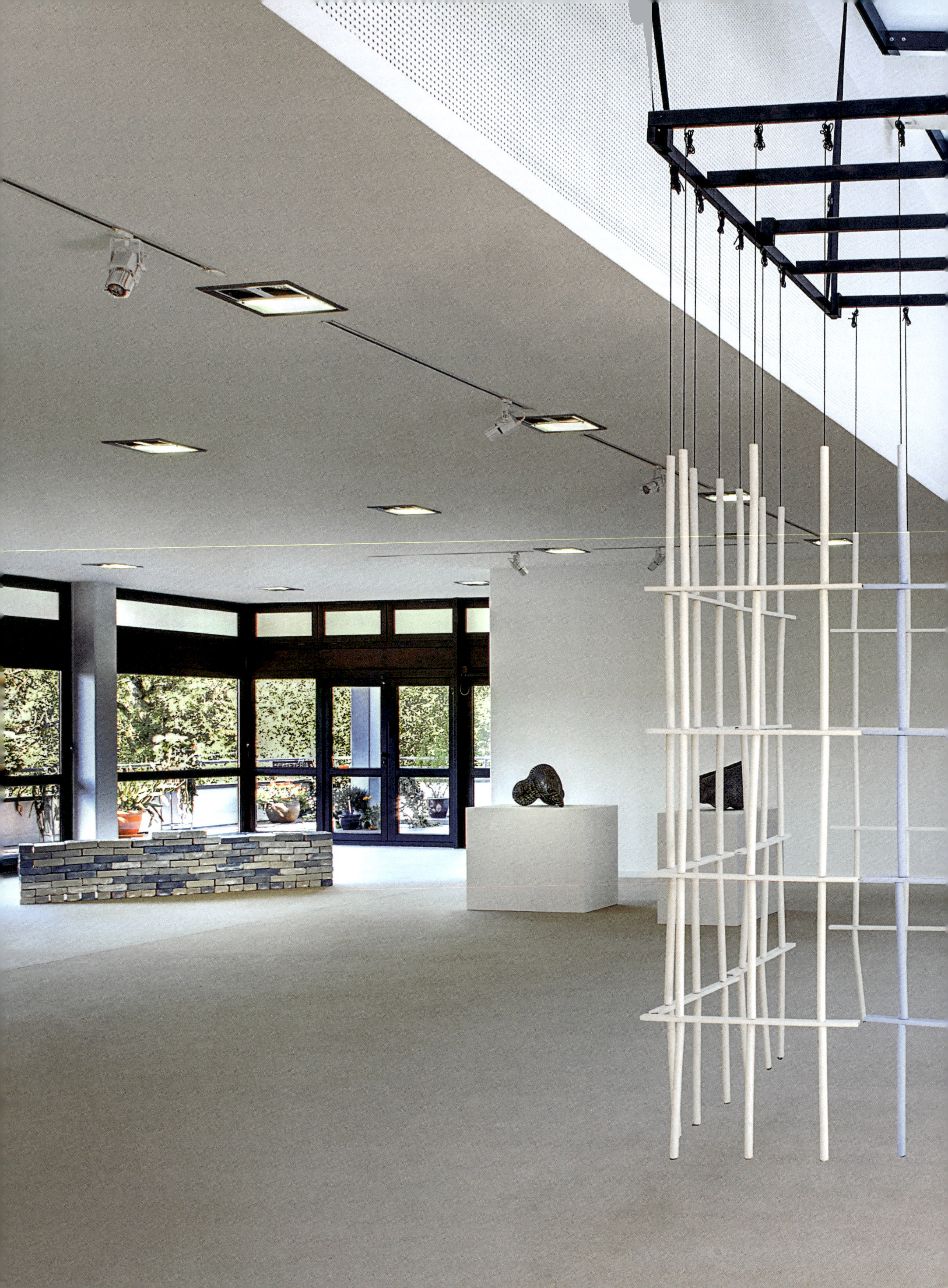

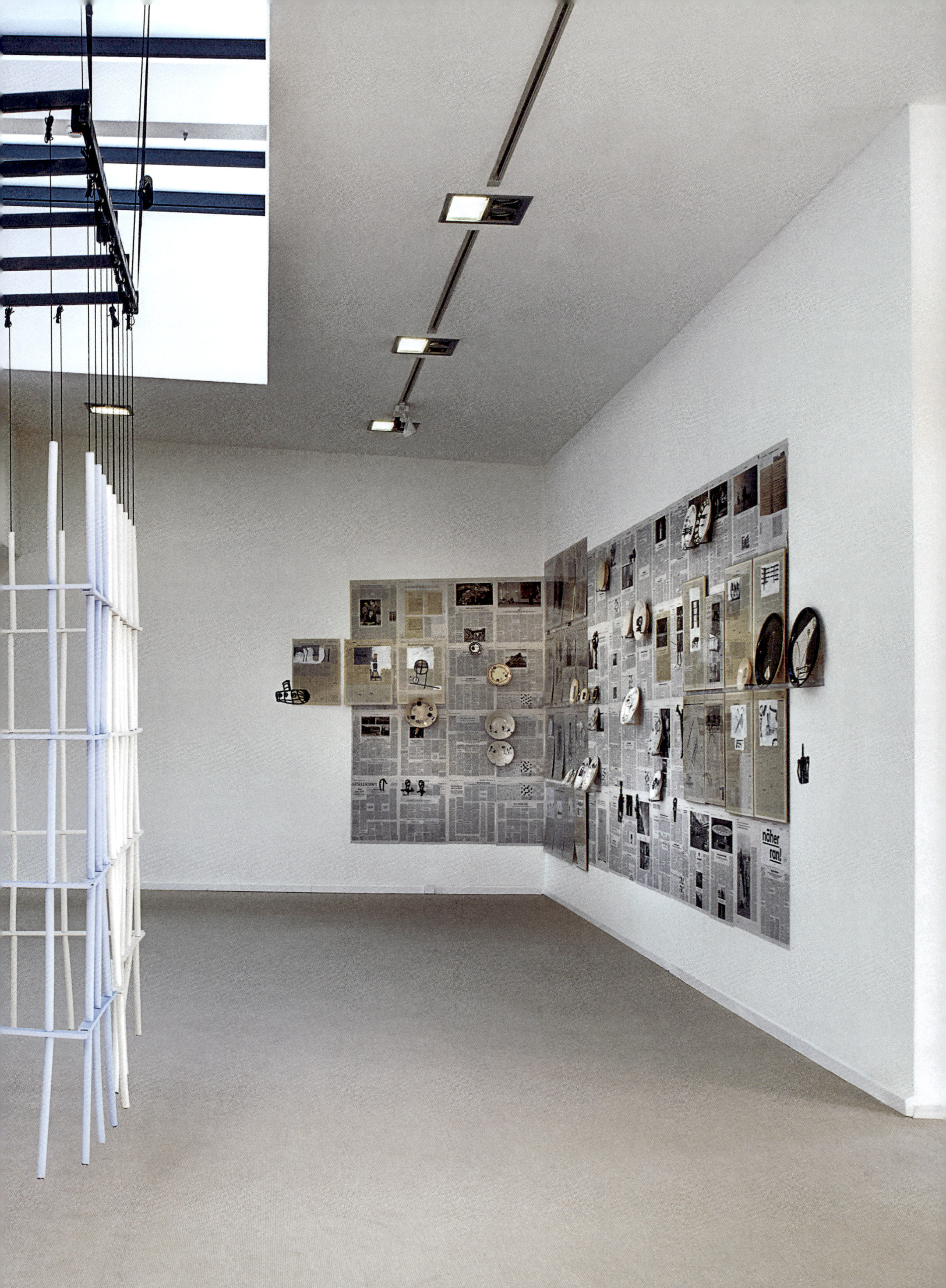

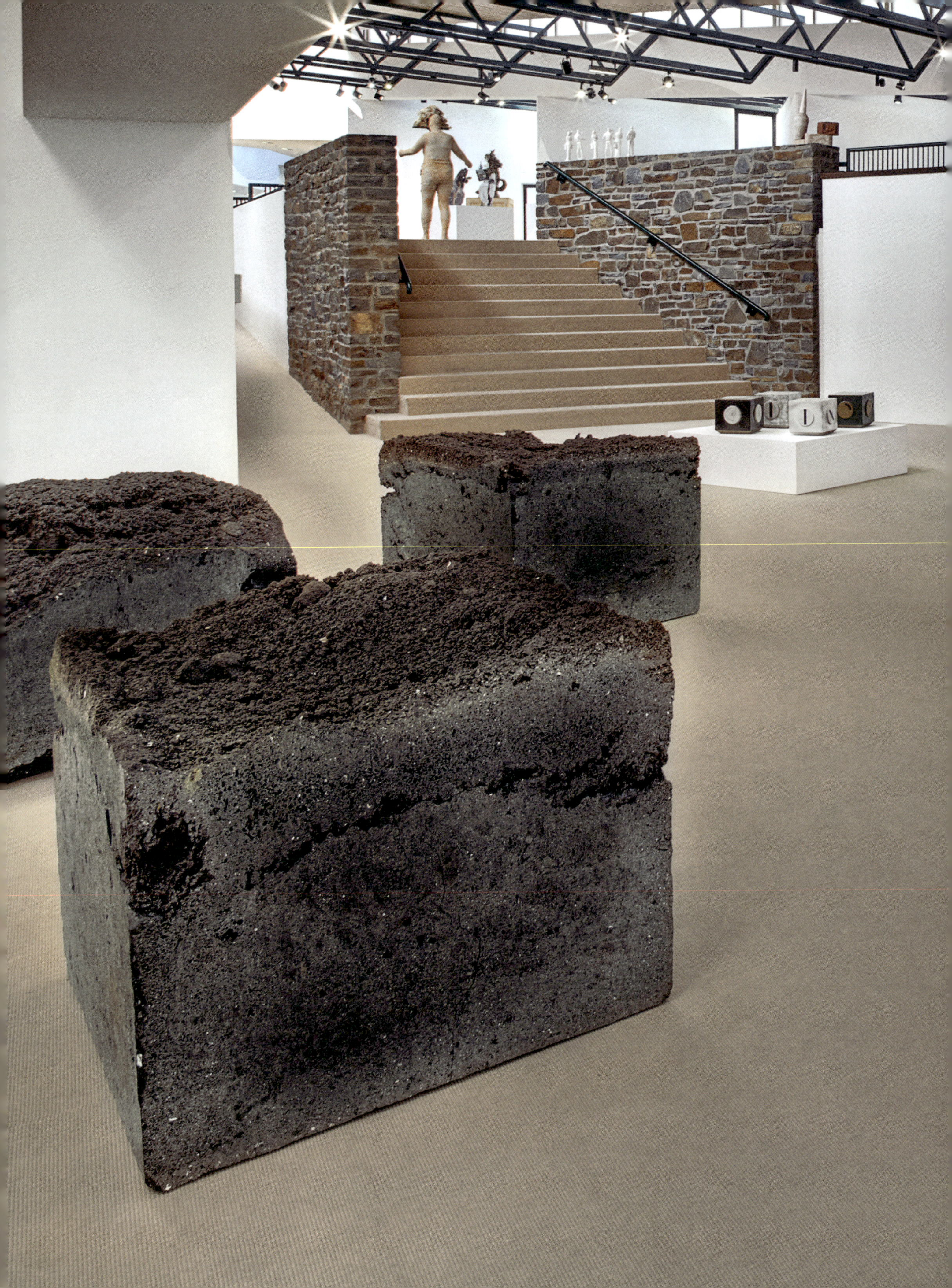

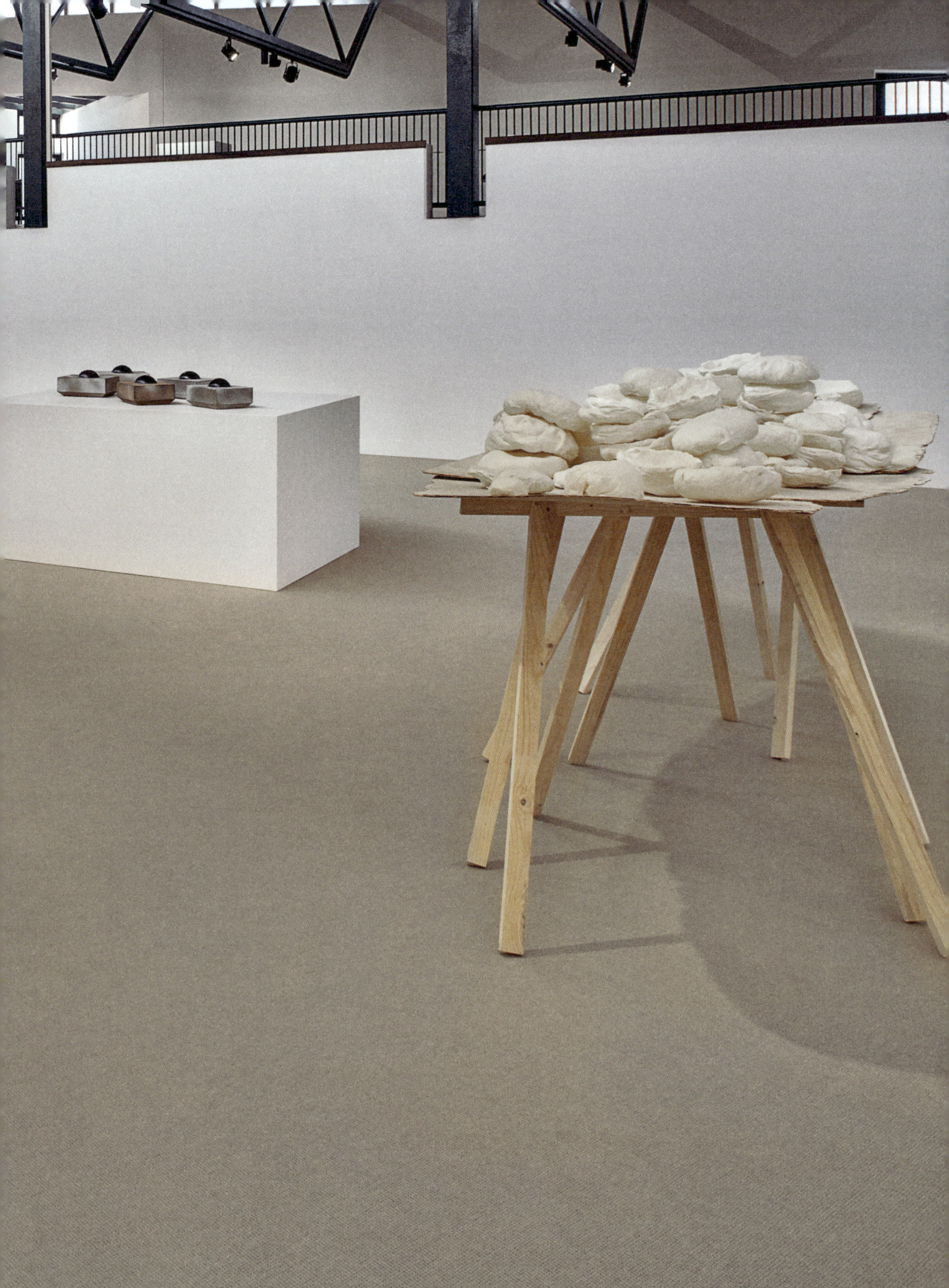

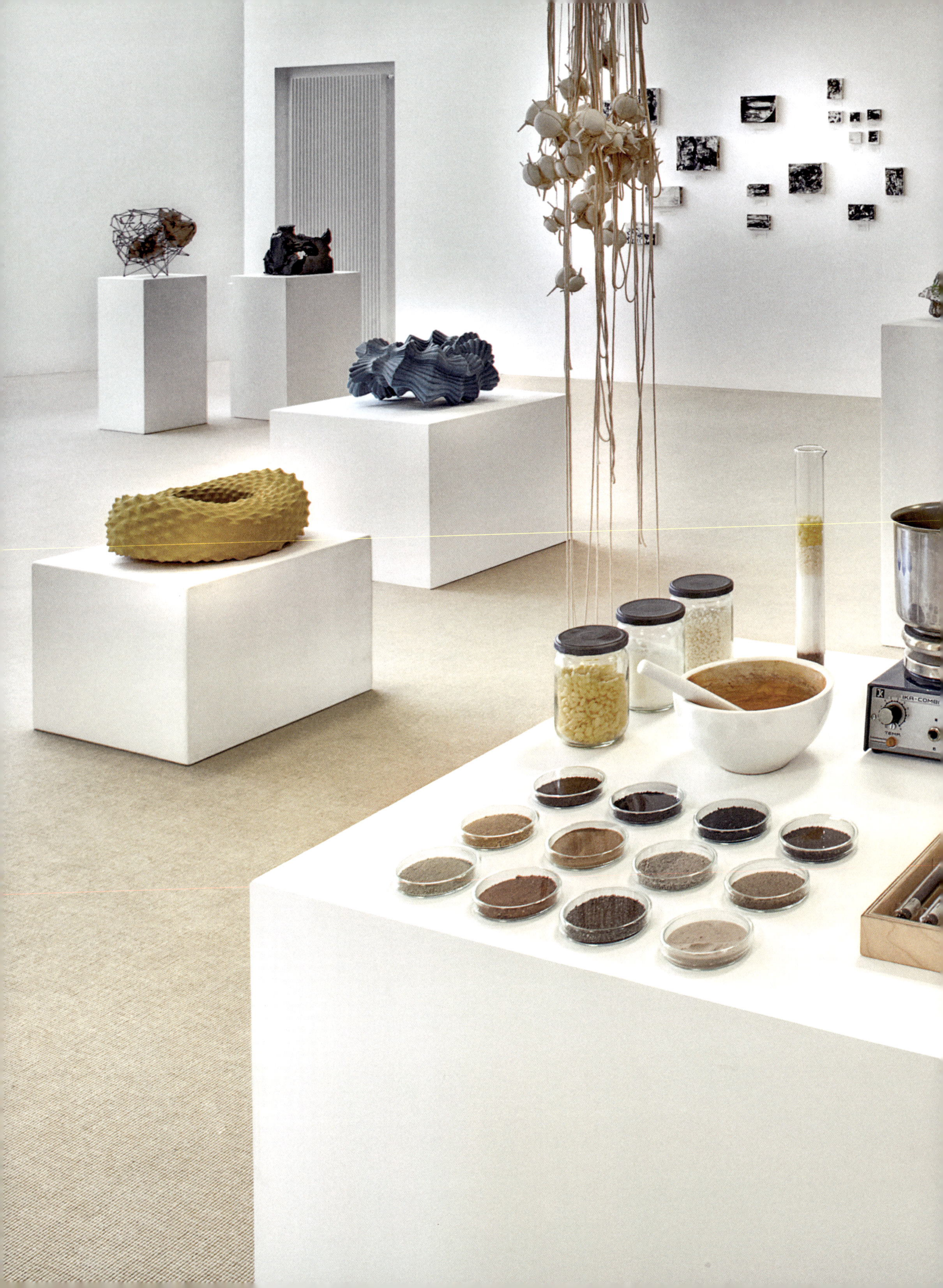

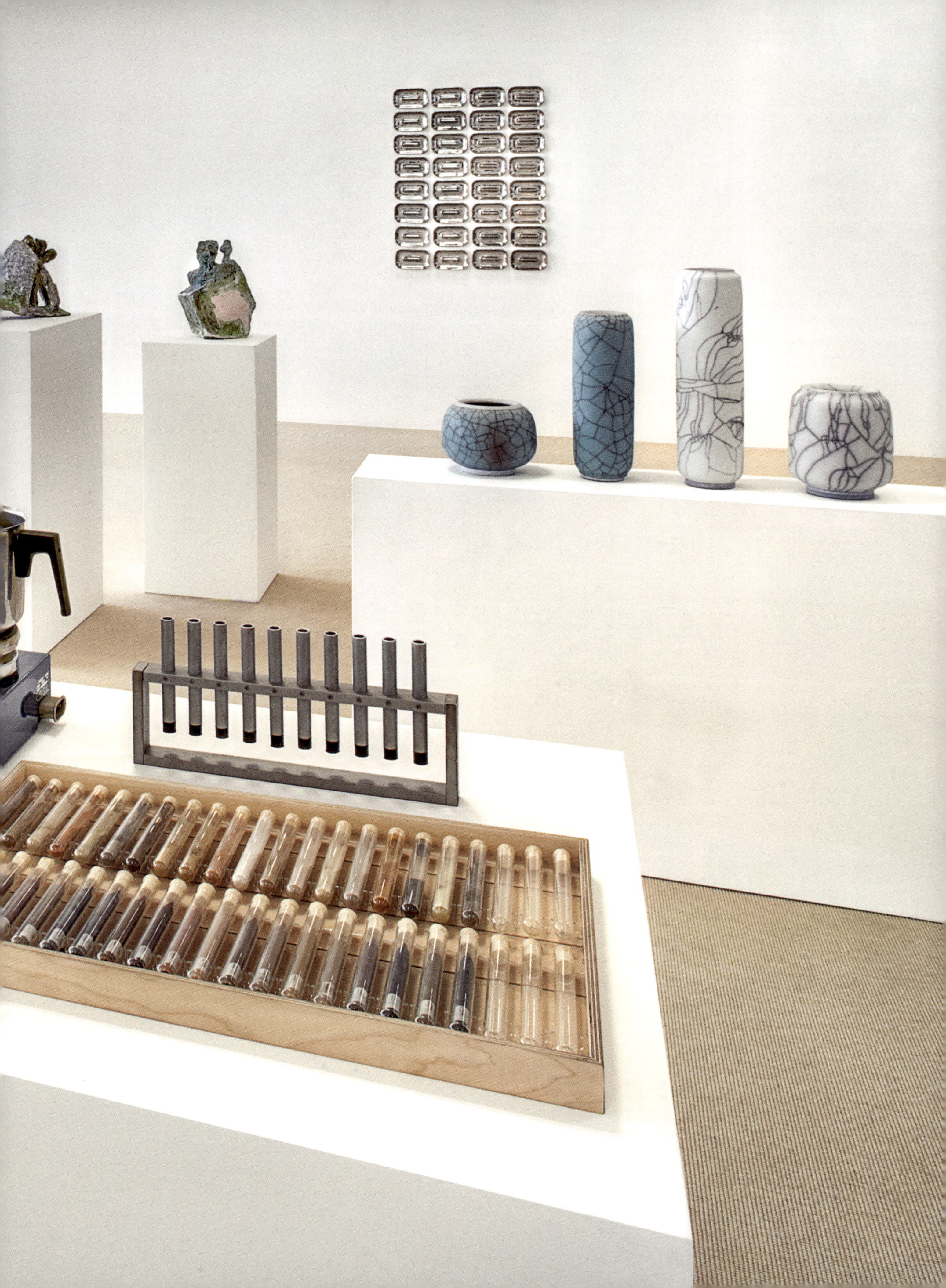

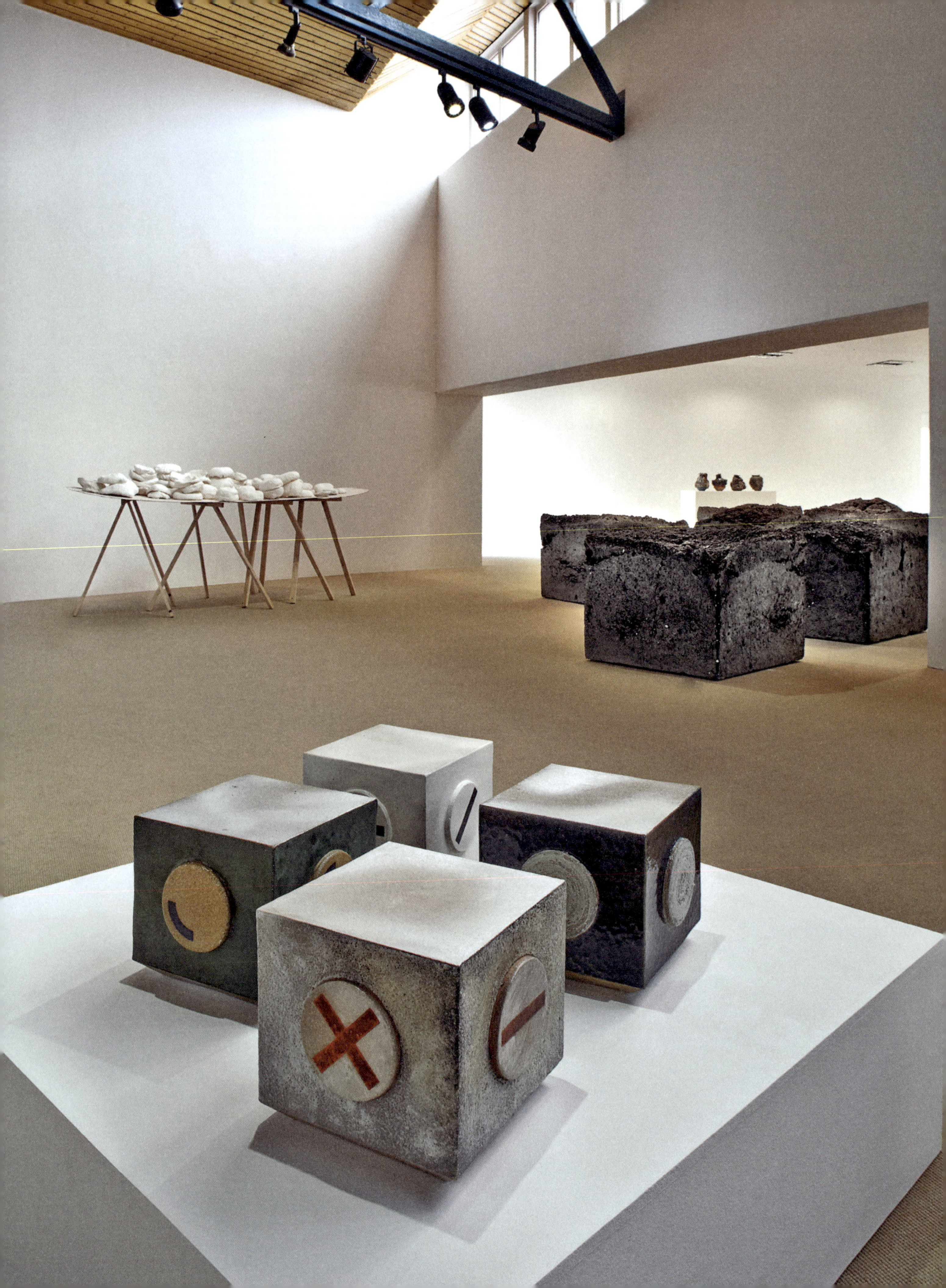

HERAUSGEBER / EDITOR
Westerwaldkreis, Kreisverwaltung, Peter-Altmeier-Platz 1, 56410 Montabaur, Deutschland / Germany

AUTOREN / AUTHORS
Prof. Dr. Konrad Wolf, Achim Schwickert, Michael Thiesen, Dr. Nele van Wieringen
Jörg Johnen, Julian Stair, Dr. Sabine Runde

KONZEPTION UND REDAKTION / CONCEPT AND EDITING
Dr. Nele van Wieringen, Keramikmuseum Westerwald
Helga Gerhardus, Museen im Westerwald GmbH, Montabaur

ÜBERSETZUNG / TRANSLATOR
Margret Sloan, Bamberg, Deutschland / Germany

LEKTORAT / COPY EDITING
Bettina Keßler, Keramikmuseum Westerwald; Helga Gerhardus, Museen im Westerwald GmbH; Dr. Ramona Budde, Höhr-Grenzhausen

ARNOLDSCHE PROJEKTKOORDINATION /
PROJECT COORDINATION
Greta Garle

GRAFISCHE GESTALTUNG / GRAPHIC DESIGNER
nalbach typografik, Silke Nalbach, Mannheim, Deutschland / Germany

DRUCK / PRINTED BY
Druckerei Hachenburg GmbH, Hachenburg, Deutschland / Germany

PAPIER / PAPER
Überzug / Cover: Surbalin glatt
Inhalt / Core: 150 g/sm Munken Polar

BIBLIOGRAFISCHE INFORMATION DER DEUTSCHEN NATIONALBIBLIOTHEK
Die Deutsche Nationalbibliothek verzeichnet diese Publikation in der Deutschen Nationalbibliografie; detaillierte bibliografische Daten sind im Internet über www.dnb.de abrufbar.

BIBLIOGRAPHIC INFORMATION PUBLISHED BY
THE DEUTSCHE NATIONALBIBLIOTHEK
The Deutsche Nationalbibliothek lists this publication in the Deutsche Nationalbibliografie; detailed bibliographic data are available on the Internet at www.dnb.de.

BEZUGSQUELLEN / DISTRIBUTION
Keramikmuseum Westerwald, Verlag der Museen des Westerwaldkreises, Kreishaus, Peter-Altmeier-Platz 1, 56410 Montabaur
ISBN 978-3-930081-28-8

arnoldsche Art Publishers, Stuttgart
ISBN 978-3-89790-578-8

Made in Germany, 2019

BILDNACHWEIS / PHOTO CREDITS
Fotostudio Baumann GmbH, Höhr-Grenzhausen, Deutschland / Germany
außer Seite / except page 34–35 Articus & Röttgen, Brohl-Lützing, Deutschland / Germany

UMSCHLAGABBILDUNGEN / COVER ILLUSTRATIONS
Johannes Nagel, *White cluster with plinth*, 2018, 60 × 52 × 62 cm, Porzellan / porcelain

Die vorliegende Publikation erscheint anlässlich des Wettbewerbes
14. Westerwaldpreis 2019. Keramik Europas
The present publication is published to mark the competition
14th Westerwald Prize 2019. Ceramics of Europe

Veranstalter des Wettbewerbes und der Ausstellung: Westerwaldkreis /
Organizer of the competition and exhibition: Westerwald district
Kreisverwaltung, Peter-Altmeier-Platz 1, 56410 Montabaur, Deutschland / Germany

SPONSOREN / SPONSORING
Gasversorgung Westerwald GmbH, Hilgert, Deutschland / Germany
Firma Carl Jäger GmbH, Hilgert, Deutschland / Germany
Firma Rastal GmbH&Co.KG, Höhr-Grenzhausen, Deutschland / Germany
Stadt und Verbandsgemeinde Höhr-Grenzhausen, Deutschland / Germany
Sparkasse Westerwald-Sieg, Bad Marienberg, Deutschland / Germany
Westerwald Bank eG, 57627 Hachenburg, Deutschland / Germany

WETTBEWERBS- UND AUSSTELLUNGSKONZEPTION /
COMPETITION AND EXHIBITION CONCEPT
Dr. Nele van Wieringen, Keramikmuseum Westerwald

ORGANISATION, DURCHFÜHRUNG DER AUSSTELLUNG UND DES WETTBEWERBES /
ORGANISATION, REALISATION OF THE EXHIBITION AND THE COMPETITION:
Helga Gerhardus, Axel Simonis, Museen im Westerwald GmbH; Dr. Nele van Wieringen, Line Bast-Cerri, Hans-Jürgen Deblon, Enrico Eckhoff, Bettina Keßler, Sedat Mavili, Annette Zeischka-Kenzler